박연화 수필집

버드나무 움트다

소소21

버드나무 움트다
박연화 수필집

1판 1쇄 인쇄/ 2025년 5월 10일
1판 1쇄 발행/ 2025년 5월 15일

지은이 / 박연화
펴낸이 / 우희정
펴낸곳 / 도서출판 소소리

등록 / 제300-2007-21호
주소 03073 서울 종로구 성균관로5길 39-16
전화 / 765-5663, 010-4265-5663
e-mail: sosori39@hanmail.net
www.sosori.net

값 14,000원

*잘못된 책은 바꿔드립니다.

ISBN 979-11-5891-216-1   03810

박연화 수필집

버드나무 움트다

책을 내면서

4월에 꿈꾸는 수필의 영역

꽃내음 번지는 4월입니다.
눈앞이 뽀얗게 보이도록 피던 산벚꽃과 아까시꽃이
봄 끝자락의 전설로 가뭇없이 사라집니다.

4월은 가히 꽃 피고 새우는 계절이었습니다.
하늘은 갓 세수를 끝낸 것처럼 해맑고
봄 오솔길에서 발원된 꽃가람은 5월의 들판을 지나
푸르게 푸르게 흘러가고 날개 푸른 새들은 또 그에 맞춰
저마다 곡을 붙인 봄노래 마음껏 부르겠지요.

그러자니 수많은 사연이 있었습니다.
봄이 오는 고샅길에는 잔설이 흩날리고
양지바른 둔덕에는 꽃샘이 숨어 벼르고 있었습니다.
볕은 따스해도 언제 어떻게 추워질지 모르는 속에서
망설임 끝에 피운 꽃들입니다.

나의 수필도 그렇게 태어났습니다. 때가 되면 겨울의 동토에서
눈이 녹기를 기다려 피는 봄꽃들처럼
살다 보면 수많은 곡절이 훼방이나 놓듯이 지나가지만
그럴수록 나름 소박한 글로써 아름다운 인생을 피우곤 합니다.

딱히 예쁘거나 향기롭지도 아니한 꽃이지만
꽃은 다만 꽃을 피우기 위해서 존재하는 것처럼
나 또한 부족한 글이나마 쓰면서 존재가치를 헤아립니다.

꽃이 피면 바람에 묻어나는 향내음처럼
내가 쓰는 글도 삶의 강 어디쯤
한 가닥 노래되어 흘러갈 것을 소망해 봅니다.

가난한 집 창가에서 더욱 정겹게 빛나는 조각달처럼.
자갈길에서도 끝없이 솟아나는 맑고 푸른 옹달샘처럼.

2025년 4월
저자 박연화

▷ 차 례

▷ 책을 내면서

1. 가던 길 멈추고

가던 길 멈추고 — · 12

가시버시 사랑 — · 16

고추밭에서 — · 21

구름골에서의 서명 — · 26

그루터기의 행복 — · 31

나팔꽃 연서 — · 35

남편의 그늘 — · 39

너는 누구이기에 — · 43

노을이 아름다운 날 쓰다 — · 48

독감 후유증 — · 52

모란을 닮은 여자 — · 56

2. 무주구천동

몽이 — · 62

무주구천동 — · 66

밑 빠진 항아리 — · 73

버드나무 움트다 — · 77

벼이삭에서 겸손을 배우다 — · 82

별밤의 추억 — · 87

뿌리와 굴지성 — · 93

삐친 고양이 — · 97

산나물 단상 — · 102

삶의 후반에서 — · 108

3. 아버지를 그리며

희붐한 새벽 미명에 ― · 114
시렁이 있는 부엌에는 ― · 120
싸리꽃 연정 ― · 125
아버지를 그리며 ― · 129
역지사지 ― · 133
오죽헌 일기 ― · 138
봄 터널에서 ― · 142
임꺽정에서의 하루 ― · 147
작약꽃 피는 뜰에서 ― · 151
잡초를 보다 ― · 155

4. 십일월의 길목

저 산 너머 광야에서 ― · 160

저분저분 나물에 대한 단상 ― · 164

진눈깨비 ― · 168

참나무골 이야기 ― · 172

참새가 제비에게 하는 말 ― · 176

첫눈 내리던 날의 추억 ― · 180

출필고반필면(出必告反必面) ― · 184

한여름의 위상 ― · 188

홑잎나물 ― · 192

십일월의 길목 ― · 196

1.
가던 길 멈추고

가던 길 멈추고
- 반짝추위

눈이 내렸다. 아침에 보니 새하얀 눈이 솜털마냥 붙어 있다. 절기는 봄인데 눈꽃이 피었던 것이다. 그리고 그 너머 따비밭에서 연로하신 분들이 호미질을 하고 있다. 상추라도 심어 먹기 위해 밭을 만드는 것이리라.

달포 전만 해도 적설로 쌓이던 게 봄이 되면서 그리 앙증맞게 내린다. 춘설이라는 별명이 딱 어울린다. 장난이나 치듯 혹은 잠깐 놀래키는 듯 흩뿌리고는 언제 그랬냐는 시치미를 뗀다.

노인들은 알고 있을 것이다. 봄에도 눈이 온다는 것을. 그분들이 아니어도 나 또한 몇 십 년의 봄을 맞으면서 익히 터득한 사실이다. 그 눈은 또 봄눈 녹듯이 하는 것처럼 잠깐 새 녹아 없어질 것도 알고 있다. 그렇지 않고서야 제법 쌓인 눈을 무릅쓰고 저렇듯 호미질에 열중할 수는 없다.

특별히 이맘때 맛있는 나물을 꼽아 본다. 대표적인 봄나물인 냉이만 봐도 추울 때 캐야 맛있다. 어느 날 둔덕에 올라가서 캐다 보면 쌓인 눈이 얼어붙어 있기도 했다. 처음부터 미처 눈이 녹지 않은 땅에서 캐기도 하지만 해동이 되고 나서도 꽃샘추위에 갑자기 기온이 떨어지면서 얼 때가 있다.

손이 시려서 동동거리곤 했지만 그럴 때 캐야 냉이 맛이 난다. 춥다고 미루면 금방 따스해지고 꽃이 피면서 쇠어버린다. 한갓 나물조차도 어수선한 날씨 속에서 캐먹는다. 그러니 인생은 더 말해 무엇하랴.

봄나물뿐 아니라 과수나무도 마찬가지다. 냉이를 캐먹고 나면 뒤미처 복숭아꽃 망울이 맺힌다. 그럴 때 반짝 추위가 찾아오면서 꽃망울이 단단해진다. 공교롭게도 그때 꽃샘이 생략되고 꽃이 필 때 닥치면 오히려 피해를 입는다.

어디 복숭아뿐이랴. 복숭아나무 이전에 벚꽃도 망울이 벌어질 때면 기다리기나 한 것처럼 춥다. 뒤미처 사과나무니 배나무도 꽃망울이 맺힐 때 추워지는 것을 알고 있다. 마침내 봄볕을 받아 흐드러지면서 따스한 날씨가 이어지곤 했다. 꽃도 하나의 생명이라면 태어날 준비가 시작될 때 추운 것이다.

꽃망울로 도드라질 때는 오히려 추위를 견디기 좋았다니, 섭리였을까. 꼭꼭 아물려 있으니 외투 깃을 여미고 있는 것처럼 보온이 되었을 거다. 하지만 그 시기를 지나 꽃이 핀 뒤에는 오히려 타격을 입는 것이다. 봄에 따라붙는 꽃샘이 때로는 유익한 것을 깨닫는 것이다.

그런 날씨는 여름까지 이어지곤 했다. 고춧모를 심고 가지 모종을 심을 때도 약속이나 한 것처럼 춥다. 그런 날씨가 계속되면 끝내는 얼어 죽을 것이나 땅내를 맡고 웬만치 자라면 다시금 따스해진다.

그리고 얼마 후 모 심는 철이 되면 또 한 번 반짝 추위가 등장한다. 말할 것도, 모를 내는 초여름에도 그런 날씨가 이어졌던 것이다. 바람까지 동반하는 바람에 못자리에 씌워둔 비닐 덮개까지 툭하면 날아갔다.

농사는 짓지 않아도 이웃집에서 못자리를 설치할 때마다 목격한 풍경이다. 봄바람이라고 한 것도 그렇거니와 초여름인데도 극성을 떠는 바람을 보면 생각이 많다. 반짝 추위는 그렇게 생뚱맞은 데가 있지만 따스하기만 해서는 농작물이 클 수 없다는 섭리를 보는 것 같다. 봄은 결국 반짝 추위 속에서 크는 절기였을까.

엊그제 먹은 반짝김치가 생각난다. 모처럼 하루나 겉절이를 무쳐 먹었다. 봄동이라고는 해도 한눈을 팔면 자칫 먹기 힘든 푸성귀다. 대충 흙을 털고 헹궈서 양념장에 건성건성 무치면 참으로 맛깔스러운 김치였으나 반짝김치라는 별명 그대로 시기를 놓치게 된다.

반짝추위는 결국 시기가 짧다는 결론이다. 우리도 반짝시련은 있겠지만 그로써 더욱 산뜻하고 인상적인 추억으로 남을 수 있지 않을까. 반짝추위라 해도 긴장하지 않으면 별미라고 할 하루나, 김치를 먹지 못할 수 있다.

우리 삶을 빛내 줄 반짝시련도 그렇게 챙기고 싶다. 모른 체할 수도 있으나 과연 그게 전부일까. 신관은 당연히 편하겠지만 어쩐지 켕기는 것 같고 이래도 될까 싶은 마음도 있다. 찝찝한 기분으로 지내느니 과감히 맞서는 게 낫다. 반짝추위 속에서 먹은 봄나물 푸성귀가 맛있는 것처럼 반짝시련에서 숙성되는 인격적인 향기를 꿈꾸는 것이다.

가시버시 사랑

해거름, 오늘도 예의 이웃집 노인이 지나간다. 저녁이면 산책을 하는 듯 고샅길 저쪽으로 사라지는 모습이 오늘따라 짠해 보인다. 노을이 드리워진 탓이었을까.

이미 구순에 접어든 노인이다. 특별한 활동을 하시는 분은 아니지만 그닐그닐 집안일도 하면서 지내신다. 가끔 보면 광에 들어가서 묵은 연장을 꺼내 손질하거나 뒤란의 잡초도 뽑아내신다.

노인의 일과는 정해져 있었다. 아들 내외가 보살펴 주기는 해도 운동 삼아 하시는 모습이다. 살림에 꼭 필요한 일은 아니어도 쉬엄쉬엄 소일거리를 찾아내면서 무료한 날을 견디는 성싶다.

그래도 참 정정하신 편이다. 이웃사람들 말을 들으니 젊어서 아내가 보약을 많이 챙겨주셨다고 한다. 지금은 어떤지 몰라도 그 당시 보약이라면 녹용과 인삼을 친다. 철철이 달여 먹이는 게 습관처럼 되었다니 정성이다. 가을이면 메기와 장어탕이 빠지지 않았다고 하니 살림은 넉넉했겠지만 정성이 아니면 불가능한 일이다.

하지만 아내는 이미 요양원에 들어가 계신다. 젊을 때부터 크게 병은 없어도 약하셨던 분이셨다. 남편보다 연세는 많으나 구순이 넘으신 분이다. 끝내는 요양원으로 갈 수밖에 없는 상황이 되고 만 것인데 바깥양반이 탈없이 건강하게 지내는 것을 본 사람들의 이야기가 범상치 않다. 보약도 보약이지만 특별히 뱀탕을 많이 달여 주었다는 게 화제가 되었나 보다.

아무리 남편을 위해서라지만 징그러운 뱀을 어떻게 달였을까. 대부분 보는 것만으로도 몸서리를 친다. 직접 손질해서 솥에 넣고 끓였을 거라고 생각하면 자식을 위한 일이라도 엄두가 나지 않는데 여간 정성이 아니고는 힘들었을 것이다.

언젠가 동남아의 코브라 탕 끓이는 정경을 영상으로 보았다. 먼저 이물질을 깨끗이 제거한 뒤 뜨거운 물에 잘 데친다. 그래야 껍질에 붙어 있는 기생충이 죽는다. 적당히 데친 뒤에는 뱀의 열기를 식혀 주고 이어서 허물을 긁어낸다. 그렇게 준비작업만 16시간이 소요되는 것을 보면 얼마나 번거로운지를 알겠다.

다음에는 솥에 넣고 강한 불에 48시간을 달인다. 어지간히 졸아들면 중간 중간 물을 넣어주면서 계속 끓인다. 졸아든 후에는 꼭꼭 눌러 짜는데 현지인들은 기계를 사용하지 않고 손으로 짠다는 말을 들었다. 마지막으로 이듬 짜서 절반 이상 줄어들 때까지 달이면 순수한 코브라 탕이 되는 셈이다.

이웃노인의 부인이 어떻게 달였는지는 알 수 없으나 대략 그렇게 달이지 않았을까 싶다. 황기나 대추 밤 등 일반적인 약재를 상상해 보았으나 뱀 자체가 워낙 독성이 강하다. 그 정도는 넣어 봤자 끓이면서 전부 삭아버릴 테니 의미가 없다. 말 그대로 뱀만 넣어서 끓인 온전한 뱀탕을 먹은 거라면 노인의 지금 건강은 우연이 아니었다.

뱀을 좋아할 사람은 없다. 보기만 해도 징그러운 모습 때문이리라. 그래 그런지 주로 음침한 숲속이나 물가에 사는 동물이다. 먹이를 찾기 위해서는 밖으로 나와야 되고 눈에 띌 테지만 독을 주입하는 독특한 사냥법 때문에 숨어서도 지낼 수 있다.

어떤 뱀들은 독성이 발달해서 독을 주입시켜 먹이를 꼼짝달싹 못하게 만든다. 독성분은 주로 신경계·혈액순환계에 작용하면서 치명타가 된다. 길고 유연한 몸으로 먹이를 친친 감아서 죽이는 것도 특징이다. 질식시키는 게 아니라 혈관을 막아 죽인다는 연구 결과도 있다.

어떤 경우든 독으로 죽일 테니 섬뜩한 일이다. 작은 먹이는 통째로 삼킨다. 소리도 없이 포획하는 동물이라면 곧 뱀이 아닐까 싶었는데, 어느 날 끔찍한 소리를 들었다. 아침저녁으로 제법 쌀쌀한 4월은 됐을 성싶다. 우연히 숲을 지나는데 꺼억꺼억 하는 소리에 놀랐다. 개구리가 겨울잠에서 깨나 싶었는데 뒤미처 스르르 지나가는 율무기 소리에 깜짝 놀랐다.

그 뱀이 개구리를 잡아먹었나 보다. 그렇더라도 끔찍한 그 소리는 대체 무엇이었던 걸까. 너무 많은 개구리를 입에 넣은 채 우물거리던 율무기의 탄식인지 아직 숨이 붙어 있는 개구리의 외마디 비명인지 아무튼 섬뜩한 마음에 막대기로 내리쳤다. 개구리 한 마리가 살아서 뛰쳐나가고 뱀도 미끄러지듯 사라졌다.

미물이지만 개구리 한 마리를 살렸다는 생각에 잠시 뿌듯했다. 개구리의 천적은 뱀이었던 게 생각났다. 배가 부른데도 먹이를 탐하던 율무기의 욕심이 가당치 않다. 천적이라 해도 적당히 배부른 선에서 끝나야 맞다. 무서운 독을 가진 뱀도 천적은 있을 텐데 꼭 그래야 했을까.

제주흑돼지가 맛있는 이유가 있다. 보통 화장실에서 변을 받아먹어서 그런 줄 알지만 다른 이유가 있었다. 알다시피 제주도는 화산섬이다. 당연히 뱀이 자주 출몰한다. 몇 해 전만 해도 제주도에는 변소가 있었다. 엉성하게 지었으니 뱀에게 물리는 일이 많아 돼지를 키웠다. 돼지가 뱀의 천적이었다. 비계 때문에 물려도 끄떡없단다. 우리가 아직 후진국이었을 때 뱀으로부터의 보호 차원에서 길렀던 거다.

징그럽기만 한 뱀에 대해서 쓰다 보니 생각이 많다. 뱀탕을 먹어서 늙어가면서도 건강한 이웃노인도 그렇고 화장실의 뱀을 먹은 탓에 특별한 영양식이 되었다는 제주 흑돼지 역시 향수적이다.

아무리 그래도 요즈음에는 뱀탕을 먹을 사람도 흔치 않거니와 흑돼지 또한 어딘가 미개적이다. 취향이겠지만 최근에는 보신탕 먹는 사람도 많이 줄었다. 야만적인 게 아니라 영양상태가 좋아진 거다. 나 어릴 적만 해도 먹거리가 흔치 않아서 그렇게까지 뱀탕을 먹고 보신탕을 먹었다. 지금은 너무 잘 먹어서 성인병 등에 시달린다.

뽕나무 밭이 바다가 될 것처럼 급변하는 세상이다. 남편 공경하느라 뱀탕을 달여 주었다는 노인의 내자가 새삼 떠오른다. 수십 년 같이 살면서도 가장 원초적인 부부의 끈은 놓지 않았을 것이다. 건강 때문에 남편과 떨어져 살지만 죽을 때까지 엮어 갈 가시버시 사랑이 어기차다. 서로에 대한 믿음이고 겸손이었을 테니 그로써 훨씬 돈독해질 인생의 탑을 상상해 본다. 물오름달로 가는 봄 초입에서.

고추밭에서

고추를 딴다. 초복이 지나면서 붉기 시작한 고추가 제법 실하다. 식전에 가서 따기 시작하면 한 바구니는 넉넉하다. 망종이 지나면서 사다 심은 고추모종이 어느덧 저리 자라 풋고추는 물론 식량고추로도 스무 근은 넉넉히 딸 생각에 벌써부터 설렌다.

고추는 보통 5월에 심는다. 심고 나서 보름이 되면 애고추를 먹을 수 있다. 밭을 지나다 보면 말랑말랑한 고추가 보이고 심심풀이로 따 먹곤 하였다. 며칠이 지나 조금 딴딴해진 후 멸치와 함께 볶으면 훌륭한 반찬이 된다.

가끔은 밀가루에 묻혀서 겅그레에 찌기도 한다. 갖은 양념에 무쳐내면 고추 향이 그야말로 일품이다. 꽈리고추를 사서 무치고 볶을 수도 있지만 텃밭에서 금방 따다가 요리해 먹는 기쁨은 어디고 비할 수가 없다.

적당히 약이 오른 풋고추를 된장에 찍어먹는 맛도 별미다. 올봄에 막장을 담갔다. 한 탕기 떠와서 파 마늘 잔뜩 넣고 양념장을 만든다. 땅콩과 잣 등의 견과류도 함께 다져 넣고 참기름 듬뿍 넣어서 만든 양념장에 아삭한 고추를 찍어먹는 맛은 가히 한여름의 특별식이라 할 게다.

7월 중순이면 고추도 약이 바짝 오른다. 풋고추로는 도무지 먹을 수 없지만 또 다른 요리법이 있다. 날 잡아 한바구니 따서 자근자근 다지기 시작하면 고추씨가 그야말로 거실 끝까지 튀어나간다. 여름 내 단단히 약이 올라 있던 만큼 맵싸한 내가 진동을 하지만 참고 다지다 보면 여름내 맛난 고추간장을 먹을 수 있다.

너무 매워서 당장은 먹을 수가 없으나 김치를 익히듯 한 이틀 지나 갓 지은 보리밥에 썩썩 비벼 먹는 맛 또한 어디에 비하랴.

우리 가족은 모두 고추간장을 좋아한다. 가뜩이나 무더운 여름에 매운 고추를, 그것도 반나절은 족히 다지는 게 어디 보통 일이랴. 끝내고 나면 한동안 손이 얼얼하고 화끈거리지만 국이나 찌개에 고명으로 얹어 먹을 수도 있으니 요긴한 반찬이다.

매운 기를 없애기 위해서 손빨래를 하는 것도 그날의 일과다. 세수를 하기 위해 무심코 닿기라도 하면 큰일이기 때문에 온종일 노심초사가 된다. 뿐이랴. 손빨래를 하고도 매운 기는 남기 때문에 예정에도 없는 대청소를 하면서 화끈거리는 손을 달래는 것이다.

예전에는 내키지 않았다. 간장고추를 먹지도 않았기 때문에 솔직히 귀찮다는 생각만 했다. 다지고 나면 예의 그 손끝이 얼얼한 기분 때문에 더 그랬다. 그렇게 거의 십여 년 지나고 보니 별반 화끈거리지도 않는다. 연하기만 했던 살피듬에 굳은살이 박이면서 조금씩 단련되었을 거다.

무엇보다 엄청 매운 음식을 먹게 된 것부터가 고무적이었다. 어릴 때는 맵다고 김치도 먹지 않았다. 그런 내가 무지하게 매운 고추간장을 서슴없이 먹는다. 갓 지은 뜨거운 밥에 넣어 먹으면 훨씬 더 매웠다. 찬밥도 아니고 김이 펄펄 나는 밥에 곁들여 먹으니 오죽이나 더운 복중에 땀이 뻘뻘 장난이 아니다. 폭양에서 약이 바짝 오른 고추를 다지는 것조차 힘들어 했는데 아무렇지도 않고 먹기까지 하고 있으니 스스로도 놀랍다.

빨갛게 익기 시작할 때의 고추밭 풍경도 잊지 못할 거였다. 8월 말이면 풋고추는 하루하루 붉어지고 고추간장 만드는 일도 뜸해진다. 한여름에 그 탱탱한 고추를 따서 간장을 만들 즈음에도 고추는 붉었다. 한편에서는 미처 붉기 전인 풋고추가 그렇게 매웠던 것인데 처서를 지나 백로가 되면 풋고추는 기세가 눈에 띄게 꺾인다.

　전형적인 고추밭 풍경을 보는 것도 그 즈음부터다. 어느 날 창문을 열면 하늘하늘 춤추고 있는 잠자리가 보였다. 잠자리도 그냥 잠자리가 아니고 날개가 빨간 고추잠자리다. 그럴싸하게 봐서 그런지 다른 잠자리는 도통 보이질 않는다. 별나다. 이유가 뭘까.

　밀잠자리도 젓갈잠자리도 아니고 하필 고추잠자리다. 빨갛게 익는 고추랑 흡사한 빛깔이다. 고추밭에서 그것을 본 부녀자들이 붙여준 이름이었을 것 같다. 지금 아이들이야 그렇지는 않은데 우리 어릴 적만 해도 잠자리만 보면 너나없이 잡으려고 했으니 녀석들도 저희랑 빛깔이 흡사한 고추밭에 숨었던 것이다. 모든 곤충은 또 보호색을 지니고 있지 않던가 말이다.

　고추는 1613년 일본을 통해서 처음 우리나라에 들어왔다. 처음에는 일본에서 온 겨자라는 뜻으로 '왜겨자(倭芥子)'라 불렀다고 한다. 한편에서는 우리 민족의 기를 누그러뜨리기 위한 목적으로 가져왔다는 기록을 보면 임진왜란 무렵에 들어 왔을 가능성이 높다.

　아무튼 고추는 친근한 식품이다. 김치를 담그는 것은 물론 고추장을 만들기도 한다. 얼마 후 찬바람이 나면 또 소금물에 삭혀서 집고추를 담근다. 초겨울 동치미를 만들 때도 요긴하다.

일 년 열두 달 소소한 반찬을 만들 때도 그렇고 김장이니 고추장이니 식량으로 먹는 식품에도 빠질 수 없다. 수많은 양념을 통틀어서 가히 으뜸이라 하겠지.

　무엇보다 우리 민족의 기를 죽이기 위한 목적이었건만 도리어 우리 체질에 맞는 바람에 없어서는 안 될 요긴한 식품이 되었다. 대대적인 규모가 아닌 풋고추를 따는 정도의 텃밭 농사지만 심심파적으로 먹으면서 느낌이 딴에는 소중하다. 가을이면 또 고추잠자리와 더불어 특이한 풍경을 떠올리는 재미도 쏠쏠하다. 그것을 내 인생 스케치북에 그려 넣는 것이다. 가을이 물드는 텃밭 모롱이에서.

구름골에서의 서명

 창문으로 새털구름이 지나간다. 며칠 전부터 꾸물대고 있던 비구름은 사라지고 산뜻하니 가벼운 구름 서너 장이 건넛산 자락에 턱하니 걸쳐졌다. 어느새 가을이라는 신호를 보내는 듯하다.
 엊그제 입추가 지났다. 무더웠던 여름도 한풀은 꺾인 셈이다. 몇 번 소나기가 뿌리고 나면 잠깐이나마 시원해진다. 낮에는 여전히 불볕더위지만 아침저녁에는 제법 시원해서 열대야는 면했다.
 어느새 초가을 문턱에 들어선 폭이다. 콩이야 팥이야 익어야 될 곡식은 많이 남았다. 아직도 한참은 더워야 하겠지만 초가을 시위는 당겨졌다. 세월이 어쩜 그렇게 빠른 것일까.
 하기야 주변을 봐도 모두가 흐르는 것들이다. 시냇물은 그렇다 쳐도 하늘의 구름까지 물 흐르듯 떠간다. 달밤에 구름은 또

달리기나 하듯 빠르다. 그렇게 읊은 시인도 그러니 거기 가는 나그네도 구름에 달 가듯이 간다고 했다. 세월도 인생도 이래 저래 빠를 수밖에 없다.

 물론 한가롭게 떠가는 구름도 있다. 꽃 피고 새 우는 봄 아기자기한 꽃구름은 유유자적 머무른다. 바람이 없기 때문이다. 꽃도 피고 새도 우니까 완상이나 하듯 더디 더디 흐른다.

 그러다가 장마철이 되면 구름도 속력을 낸다. 말할 것도 없이 태풍이 가세되기 때문이다. 태풍과 함께 여름내 형성된 비구름이 태풍의 여세를 타고 북상하면서 폭우를 쏟아내는 셈이다.

 구름도 알고 보면 상황에 따라 속력을 조절한다. 날씨가 바뀌는 것은 구름 때문이다. 바람과 습기로 결정되기도 하지만 구름에 의해 기압이 바뀌고 기압이 결정되면서 맑거나 흐린 날씨가 된다.

 구름의 모양도 그로써 달라진다. 고기압일 때는 건조한 바람이 불면서 구름도 가벼워지고 하늘 높이 진을 치게 된다. 저기압일 때는 습한 바람 때문에 구름도 축 늘어진다. 날씨가 궁금할 때 하늘을 보는 것도 그 맥락이리라.

 구름에서 날씨를 유추하는 것은 극히 자연스럽다. 하지만 내 고향 바다를 보면 장마가 시작되기 전 하늘이 꽈리나 부는 것처럼 구름에 뒤덮일 때가 있다. 뭉게뭉게 피어오른다고 해서

뭉게구름이었을 거다. 하늘을 보면 말 그대로 구름 치레라서 빤할 틈이 없는데 덥지는 않았다.

볕은 쨍쨍 빛나는데 오히려 시원했다. 대부분 6월 초부터 하순까지 구름만 잔뜩 생긴다. 하도 비좁아서 새로운 구름이 들어갈 틈도 없건만 장마철이 되어 하루 이틀 폭우가 쏟아지면 거짓말처럼 허룩해진다.

하지만 그래서 더욱 낭패일 때가 있다. 이후 8월과 함께 쨍쨍 볕이 나면 그야말로 그늘 하나 볼 수 없는 폭양으로 바뀐다. 꽃구름이든 비구름이든 태양이 가려지면서 시원해질 텐데 드문드문 떠가고만 있으니 타오름달 8월이 될 수밖에 없다.

이따금 소나기가 뿌려대면서 골안개가 낄 때는 또 다른 운치를 자아낸다. 가령 어제도 아침에 소낙비가 잔뜩 뿌리고는 골안개가 끼었다. 간간이 뿌려대기는 해도 한 이틀 계속되면서 짜장 지루했는데 빤히 보이는 앞산 자락에 구름 한 떼가 걸쳐 있지 않은가.

하늘을 보니 씻은 듯 맑은 게 구름 한 점 없다. 한바탕 쏟아지고 나면 흔히 볼 수 있는 정경이지만 마저 쏟아내지 못한 구름이 걸려 있는 형국이 선하다. 산자락 뒤로 절 한 채라도 있다면 절 마당을 쓸어낼 때마다 구름이 흩어질 것 같다. 기실은 마당을 쓸어내지만 절을 에워싸고 있는 구름에게 비질을 하는 셈이다.

구름은 그렇게 다양한 뉘앙스를 가진다. 날씨는 물론 운치를 자아내는 것으로 구름을 따를 만한 것은 드물다. 마음이 심란하고 수수로울 때 우리는 하늘을 본다. 푸른 하늘도 하늘이지만 거기 떠가는 구름을 보는 것이다.

한번쯤 무심히 구름을 바라보지 않은 사람은 없을 것이다. 주구장창 생겼다가 없어지는 것을 보면 덧없는 삶을 나타내지만 그런데도 영원히 죽지 않고 사는 십장생의 덕목을 가졌다. 뜻이 있을 듯하다.

십장생이라고 할 때 거북과 사슴, 불로초니 학은 자연스럽다. 그 밖에 매일 뜨는 태양과 울멍줄멍한 산과 바위 더불어 끝없이 흐르는 물도 그럴법하다. 죽지 않고 오래 사는 것은 즉 변함없이 한결같은 거라야 맞는데 바람이 부는 대로 바뀌는 구름은 어딘가 동떨어진다.

그러나 지금은 연유를 알 것도 같다. 구름은 즉 사라지는 것 같아도 다시금 태어나는 특징을 가졌다. 구름은 즉 물이 증발하면서 생긴 결과물이다. 말은 즉 구름이라 해도 그 원천은 물이기 때문에 마르는 동시에 기체화된 거다.

그렇게 떠돌다가 저기압으로 바뀌면 금방 축축해지고 뒤따라 비를 쏟아내면서 다시금 물로 바뀌는 것이다. 겨울이 되면 또 얼음으로 바뀌고 봄이 되면 다시 냇물로 흐르면서 해마다 그런 과정을 되풀이하곤 했으니 죽지 않고 오래 사는 십장생의 반열에 오른 게 아닐까.

구름의 미덕을 배우고 싶다. 십장생이라서가 아니라 어디든 자유롭게 갈 수 있는 운치가 부럽다. 가끔 보면 시커멓게 썩은 시궁창에도 들어있다. 폭우가 쏟아지는 날 빗물을 받아두면 그 속에서도 하얗게 웃는다.

나뭇가지 틈에 걸려 있을 때는 어지러울 법한데도 우왕좌왕하지 않는다. 하늘을 찌를 듯 높은 산자락에 걸려 있을 때도 숨차 보이지 않는다. 태산 같은 고개를 넘어갈 때도 쉬엄쉬엄 나갈 줄 아는 여유를 배우는 것이다. 인생은 즉 구름 따라 흐르고 구름은 또 사바세계를 굽어보면서 흐른다는 그것까지도.

그루터기의 행복

 바람이 시원하다. 둥둥 떠가는 구름도 유유자적 한가롭다. 멀리 보이는 원통산도 오늘따라 훨씬 정겹게 다가온다. 푸른 숲을 지나 푸른 하늘을 날아다니는 산새들, 늘 보는 풍경인데, 뭐가 달라진 것일까.
 생각하니 그루터기에 앉아 본 풍경이라 그렇게 새로웠던 것이다. 의자에 앉을 때보다 우선은 안정감이 있고 배기지 않는다. 기분이 남다르다 보니 똑같은 풍경인데도 느낌이 달라진다. 작년에 묵은 뽕나무를 몇 그루 베어냈다. 해묵은 나무 값을 하는지 그늘이 장정 서넛은 충분히 앉을 정도로 널찍하다.
 봄이면 기다렸다는 듯 싹이 나고 줄기가 뻗어나갔다. 그늘이 커지면서 뜰은 당연히 비좁아졌다. 싹이 나오는 족족 베어내도 여전히 무성해진다. 토막에 구멍을 뚫거나 소금만 뿌려도 죽는다는 말을 들었다. 처음부터 베어낼 요량이었던지라 솔직히 내키지는 않았다. 햇볕을 차단시키는 방법도 있을 테지만 뭐 그렇게까지 할 필요는 없겠지 싶었다.

성가시기는 해도 싹이 나오는 족족 잘라주는 등 몇 해가 지나고 보니 이후로는 더 이상 나오지 않았다. 이른 봄이나 늦가을 더러 삐져나오기는 해도 심심파적으로 쳐내면 간단하다. 그렇게 이따금 그루터기 의자로 쓰면서 우리 집의 일부가 된 셈이다.

한여름에는 거기 화분을 올려놓는다. 볕이 너무 뜨거워서 앉을 수가 없고 보니 덩굴이 척 늘어지는 아이비를 심은 화분이 제격이다. 그러나 아이비도 그늘을 좋아하는 식물이다. 폭양에 잎이 화상을 입을까 걱정이 될 때는 차양을 얹어 가리개처럼 씌운다.

나무를 베어내고 남은 한낱 그루터기였지만 마루에 앉아서 보노라면 집 안팎의 오밀조밀 풍경이 잡힐 듯하다. 장마철에는 처음 보는 버섯이 돋아나기도 했다. 주춤주춤 올라오다가 볕이 쨍쨍한 날이면 흔적도 없이 사라진다.

그루터기를 생각하면 잘리고 남은 둥걸이 떠오른다. 쉽게 말해서 풀 또는 나무를 베어내고 남은 부분을 가리키지만 다르게는 밑바탕이나 기초를 뜻하는 낱말이기도 했다. 나무에서 밑바탕이나 기초라고 하면 의당 뿌리를 생각하게 된다. 그도 그럴 것이 뿌리가 얼마나 튼튼하고 실하느냐에 따라 나무의 성장이 결정되지만 그 뿌리의 힘이 그루터기에 미치기 때문에 밑바탕 혹은 기초를 뜻하게 된 것이다.

가령 땔감으로 쓰기 위해서 베어낼 때는 최대한 적게 남길 것이다. 하지만 나무꾼이 아닌 이상에는 순조로운 작업을 위해서 적당한 높이에서 시작할 테고 끝내는 앉아서 쉬기 적당한 그루터기가 되는 셈이다. 나무로서는 한때 시원한 그늘이었다가 재목으로 내어 주고 남은 그루터기마저 휴식을 제공하는 의미가 뭘까.

옛날 한 사람의 나무꾼이 있었다. 작업을 시작할 경우 나무꾼이 톱을 대는 것은 중간 높이일 수도 있고 아니면 밑동에서부터 시작할 수도 있다. 가장 많은 땔나무를 얻기 위해 땅 표면에서 시작했겠지만 뿌리가 가까울수록 톱질하기가 쉽지 않았을 것이다. 그렇다고 꼭대기만 잘라가서는 성에 차지 않을 게 뻔하다. 똑같은 나무라도 가지가 굵고 실해야 화력이 세다.

베어내고 난 나무토막일지언정 아래 위가 다른 것도 그 때문이다. 가령 집을 지을 경우 나무로 기둥을 박을 때도 밑동 쪽을 땅으로 향하게 박는다. 어찌 그것을 알 수 있는가 하겠지만 물에 띄워 보면 뿌리 쪽에 가까운 토막이 밑으로 뜬다. 그루터기가 밑바탕이니 기초를 뜻하는 것도 무리는 아니다.

 삭정이 정도의 가지를 쳐봐야 며칠 지나지 않아서 또 나무를 해야 될 판이지만 그렇다고 그루터기 전체를 겨냥하면 작업이 만만치 않다. 여러 가지로 시작한 결과 나무를 베어낸 그루터기가 앉아서 딱 쉬기 적당한 높이가 되는 것도 우연은 아니었을 것이다. 근본이니 근간이니 할 때는 뿌리 근(根)이 들어가지만 땅 위를 기준으로 할 때는 그루터기도 뿌리 못지않게 단단하고 견고할 테니까.

 뿌리는 즉 보이지 않는 밑바탕이다. 그에 비해서 그루터기는 눈에 보이는 기초에 바탕이라면 앉아서 쉬는 것 이상의 의미를 생각해야 하리. 지금도 그루터기 밑에는 뿌리가 도사려 있지 않은가. 그루터기 이상은 또 다 잘려나가고 없으니 더욱 견고한 버팀이 될 것이다. 움이 나오는 대로 잘라내다 보면 언젠가 죽어 버릴지언정 그때까지는 우리 가족의 쉼터가 되고 우리 가족사의 추억을 만들어줄 테니 고맙고 미쁘다.

나팔꽃 연서

 담벼락에 나팔꽃이 피었다. 보라색도 같고 청색도 같은 나팔 모양의 꽃이 볼수록 늘차다. 무더운 여름 아침을 깨우기나 하듯 꼭두새벽부터 피는 꽃이 어찌나 청순한지 몰랐다.
 하지만 나팔 모양의 그 꽃은 8월의 태양이 떠오르자 속절없이 지고 말았다. 아침 일찍 피었다가 해가 뜨는 대로 지는 것은 익히 아는 사실이나 막상 보니 덧없다. 그럼에도 불구하고 꽃말은 '영원한 사랑'이다. 꽃이 피는 짧은 순간에도 아름다운 자태와 화려한 색감과 그 아름다움 때문에 오랫동안 사랑받아 왔다는 것을 뜻한다.
 나팔꽃은 그 모양이 나팔과 닮았다고 해서 붙은 이름이다. 아침에만 핀다고 해서 영어 이름은 모닝글로리(morning glory)이다. 말하자면 아침의 시작을 알리고 하루의 종료를 알린다. 그 이름같이, 아침에 피어나서 하루를 시작하고, 저녁이 되면 시들어가기 때문에 모닝글로리로 태어난 것도 극히 자연스럽다.

아침을 열고 하루를 마무리하는 예쁘고 밝은 꽃이다. 나팔꽃이 아침을 맞이하는 그 순간, 우리도 새로운 하루를 엮는다. 해만 뜨면 시드는 습성에서 덧없는 삶을 느끼곤 하지만 짧은 동안이라 더욱 소중한 것도 아울러 깨우친다.

이를테면 내일의 소망을 나타내는 꽃인데 어느 날 AI가 그린 나팔꽃을 보았다. 청남색 꽃을 진짜인 줄 순간 착각하기는 했다. 그런데 자세히 본즉 꽃모양이 어딘가 부자연스럽다.

나팔소리라도 낼 것처럼 산뜻한 꽃망울이 왜 그런지 투박해 보였다. 품종도 빛깔도 다양했지만 하루의 시작을 알리는 경쾌한 느낌 표현은 어려웠던 것일까.

나팔꽃은 씨앗으로 번식하는 한해살이 덩굴풀이다. 잎은 심장 모양이며 보라색, 파란색, 빨간색 등 다양한 빛깔로 핀다. 인도가 원산지이기는 해도 현재는 세계 각처에서 자생한다. 종류도 그만치 다양한데, 각각의 품종은 자체의 독특한 매력을 가지고 있다.

무궁화 나팔꽃은 일본에서 '아사가오'라는 이름으로도 알려져 있다. 보라색, 파란색, 흰색 등 다양한 색상이 특징이며 꽃잎은 무궁화를 닮았다. 큰꽃 나팔꽃은 이름에서도 알 수 있듯이,

꽃이 큰 것은 물론 보라색, 핑크색, 흰색 등 다양한 색상이 특징이다. 그 때문인지 화려한 느낌의 꽃을 좋아하는 이들에게 인기가 많다.

달 나팔꽃은 주로 밤에 핀다. 커다랗고 흰색 꽃잎 때문에 달이 빛나는 것처럼 보인다. 말하자면 밤에 아름다운 꽃을 감상하고 싶은 이들에게 적당한 품종으로 여름부터 초가을까지 핀다.

그 외에 무늬 나팔꽃은 싹이 날 때부터 특유의 무늬 잎이 색다르긴 하지만 좀 더 자란 뒤에는 점점 소멸된다. 한방에서는 또 말린 나팔꽃 종자를 견우자(牽牛子)라고 하는데, 대소변을 잘 보게 하고, 부종·요통에 효험이 있다.

나팔꽃에 관한 전설이 있다. 옛날 중국에 그림을 그리는 화공이 있었다. 그에게는 정숙한 부인이 있었다. 어느 날 원님이 수청 들기를 강요했으나 부인이 거절하자 성에 가두었다. 애를 태우던 화공은 절절한 마음을 담아 그림을 그렸다. 다 그린 뒤 아내가 갇힌 성 밑에 파묻고는 그대로 탈진해서 죽고 말았다.

그날부터 부인은 매일 밤 꿈을 꾸었다. 꿈에서 남편이 늘, "당신을 만나려 하면 아침이 되니 하고 싶은 말도 번번이 못하고 떠난다."라고 탄식하는 것이다. 이상히 여겨 성 밑을 내려다보니 성벽을 타고 올라오는 꽃이 있었다. 나팔꽃이었.

애타게 보고 싶어 하는 한 사람 마음 때문에 태어난 꽃이다.

일개 화공의 처지로 높은 성벽에 갇힌 부인을 구해낼 수는 없었다. 상대방은 또 한 고을을 다스리는 원님이다. 역부족이었으나 나팔꽃처럼 열심히 휘감고 올라갔다. 그로써 목숨은 잃었지만 집착에 가까운 의지로 창문이나마 엿볼 수 있었을 거다.

무엇이든 휘감으려는 속성도 속성이지만 중국의 화공 같은 경우는 그리운 사람을 찾아 헤매는 절절한 아픔이 묻어난다. 그렇게 만난 뒤에는 또 서로 헤어지지 않으려는 듯 친친 감고 올라간다.

외골수 그리움을 나타내는 것일까. 나팔꽃은 그렇게 아침이 되어도 아내를 만날 수 없었던 남편의 속내를 닮았다. 아침마다 피기는 하지만 먼동이 트면서 잠깐 새 시들어 버리기 때문에 뜻을 이루지 못하는 속내가 오늘따라 짠하다.

포악한 원님의 횡포로 서로 떨어져 사는 처지가 되었다. 끝내는 실심해서 죽어 버린 화가의 슬픈 넋이 깃들어 있었던 것일까. 어떤 경우든 희망을 잃지 않고 감아 올라가는 의지도 특별한 감동이다. 모든 어려움을 뚫고 오직 사랑만을 향해 달려가는 그리움처럼 하늘로 오르는 나팔꽃이 이 여름에 참 예쁘다.

남편의 그늘

바야흐로 타오름달 8월이다. 속사포처럼 퍼붓는 볕이 창문 가득 진을 치고 있다. 참을 수 없는 열기에 문을 열고 나왔다. 열기로 가득 차 있는 뜨락 저편의 바구니에서 녹두가 바글바글 해바라기 중이다.

남편이 며칠 동안 따서 모은 녹두알이 따가운 볕 속에서 파랗게 빛나고 있다. 불볕더위 속에서 덩굴을 뒤져 꼬투리를 따고 멍석에 펼쳐 놓는 게 보통 일이었으랴. 아침저녁으로는 선선해도 한낮에는 여전히 불볕더위가 기승을 부리는 때다. 그런 속에서 꼬투리 하나하나 일일이 따는 게 쉽지는 않다. 그렇게 말려서 막대기나 방망이로 두들겨서 타작을 하고는 알곡만 골라서 마당에 펼쳐놓은 것이다.

녹두알이 땡볕 속에서 반짝반짝 빛난다. 볕이 반사되면서 파르

스름한 이미지가 산뜻하다. 바람이 불면 서로 부딪쳐 소리가 날 것처럼 경쾌한 느낌이다. 가을이면 맷돌에 타서 빈대떡을 부치고 앙금을 내서 청포묵을 쑤기도 할 참이다. 명절에 오는 딸들을 위해 남편은 그렇게 폭양을 무릅쓰고 녹두를 따서 말린다. 낟알 하나하나에 시집간 딸을 위하는 아버지의 정성이 가득 들었다.

며칠 전에는 참깨를 터느라고 분주했다. 지금이야 아침저녁에는 그래도 선선하지만 그 때는 열대야까지 기승을 부릴 때였다. 그러니 찜통더위 속에서 깨를 베어서 말리고 터는 일은 고역일 수밖에 없다. 자식들에게 고소한 참기름을 먹이려고 정성을 다하는 게 고마우면서도 안쓰러울 뿐이다.

남편은 그 외에도 일이 많다. 어느 해는 텃밭 가득 고추를 키우기도 했다. 초가을이면 여름 내 따서 담아둔 고추가 수십 근은 넘었다. 일일이 꼭지를 따서 말린 뒤 빻아두고는 김장김치 때 쓰고 나머지는 식량고추로 쓴다. 두 딸에게 보내자니 여름내 구슬땀을 흘리면서 노심초사가 된다. 남편으로서 아버지로써의 본분을 지키고자 하는 것 이상의 소명의식을 보는 듯하다.

한때는 사과농사를 짓기도 했다. 과수원을 목적으로 하는 게 아닌 유기농 과일을 먹기 위해서였다. 우리 부부만 먹기로 하면 그렇게까지 할 이유가 없었으나 자식들과 손자 때문이었다. 규모는 작아도 소독이며 적과 등은 똑같이 손이 간다. 대대적으로 과일농사를 짓는 사람들처럼은 아니어도 번거롭기는 마찬가지였다.

사과를 수확하게 되면서 딸들은 물론 일가친척들에게까지 나누어 줄 수 있게 되었다. 시누이들이 오는 날 한 상자 가득 담아줄 때 보면 여동생에 대한 정이 듬뿍 묻어난다. 돈만 있으면 얼마든지 사 먹을 수 있는 게 과일이다. 그래도 오빠로서 땀 흘려 지은 과일을 담아주는 마음이 오죽이나 뿌듯했을까.

그런 사람이었다. 남편을 생각하면 태산이 떠오르는 것도 그 때문이다. 하늘을 떠받치고 우주를 떠받치면서도 묵묵히 말이 없는 태산처럼 온 가족의 울타리가 되고 방패막이가 되면서도 잠자코 침묵을 지킨다. 평소에는 무슨 생각을 하는지 당혹스러울 때가 많지만 자기 일 열심히 하면서도 유달리 과묵한 사람이었던 거다.

가끔 뒷산을 오르내리면서 그런 생각을 한 것이다. 산은 말이 없다. 온갖 새들이 와서 지저귀고 수많은 동물들이 시끄럽게 떠들어도 못 본 체 침묵을 지킨다. 힘센 동물이 약한 동물을 괴롭히는 것을 보아도 묵묵부답이다.

그러나 산은 그 약한 동물을 위해서 수많은 혜택을 주었다. 나약한 다람쥐 등을 위해 가을이면 알밤과 도토리를 잔뜩 달리게 하지 않던가. 토끼와 노루가 다니는 오솔길에도 철철이 예쁜 꽃을 피운다. 힘센 동물은 울창한 밀림에서 혼자 힘으로 너끈히 살겠지만 나약한 동물은 그렇게 산이라는 보호막에서 안전하게 사는 것이다. 가장이라는 산그늘에서 폭양에도 시원하게 지내는 우리 가족들처럼.

남편은 곧 뿌리 깊은 나무였던가. 꽃 좋고 열매 좋고 그늘까지 넉넉한 나무 한 그루가 있었다. 등성이 지나 멀리 푸른 언덕 보이면 어디선가 들판을 적시며 흘러가는 맑은 물소리. 그리고 바람에 풍겨오는 싱그러운 숲 속 그 내음.

산새는 나뭇가지에서 노래 부르고 밤이면 빛나는 초록빛에 지새는달까지 고즈넉한 풍경이야말로 아름드리나무가 만들어낸 풍경이었다. 한 점 씨앗에서 거목으로 뿌리박을 동안 하늘 밭 일구던 남편의 그늘이다.

우리 가족은 즉 거기 그늘에서 저녁노을이 지는 것을 보고 초저녁이면 산 너머 달이 뜨는 것도 보면서 살았다. 별이 반짝일 때마다 그 별의 이름과 고향을 헤아리면서 한밤의 서정에 잠길 수 있는 것도 그 때문이었다. 온전히 행복을 지켜내는 울타리였던 것일까.

요즈음 남편의 안색이 좋지 않다. 나이가 있다 보니 건강에 조금씩 문제가 생기기 시작했다. 먹는 것도 예전 같지 않고 해서 걱정이지만 그로써 살면서 배우자가 측은해 보이면 나이가 먹었다는 증거라는데….

너는 누구이기에

 초가을이다. 하늘은 높아지고 들녘이 차오르면서 가을은 바야흐로 수확의 절기에 들어섰다. 집 앞 빈 터에는 코스모스가 함빡 피었다. 실팍한 줄기와 창백한 꽃잎을 배경으로 하늘이 성큼 내려올 듯 푸르다.
 자줏빛 꽃송이를 하나 따 들었다. 아침저녁 엉기는 이슬이, 누군가의 눈물인지도 모를 그것이 초가을 몹시도 소녀적인 꽃망울마다 맺혀 있었다. 손에 닿는 대로 무심코 터뜨린다. 그렇게 걷던 발걸음이 문득 헛간에 멎었다. 담장으로 이어진 그곳에는 박 덩굴이 한창 올라가는 중이었다.
 둔덕에는 갈꽃이 한창이었다. 바람을 안아 올리던 몸짓으로 저 멀리 하늘을 가로지르는 철새를 손짓해 부르고 있다. 빈 줄기로 메아리 없는 속울음을 토해 가면서 마지막 가을을 동이는 것이다. 땅 그림자가 길었다. 비껴가는 산그늘. 메마른 바람이 무엇 하나 남아 있지 않은 들녘에서 묘하게도 쓸쓸한 여운을 풍겼다. 더 줄 것도 바랄 것도 없는 비정의 얘기처럼.

가을이면 괜히 수수롭다. 언제 이렇게 세월이 흘렀을까 싶어 처연해진다. 딱히 시인이 아니어도 계절을 생각하고 인생을 생각한다. 특별히 '너는 누구이기에'라는 화두에 집착한다.

이따금 스스로에게 묻는 질문이다. 어디서 왔는지 앞으로 또 어디로 갈 것인지도 모르는 주체를 생각하는 것이다. 나는 어디서 왔는지 그리고 현재는 어디에 있는지 앞으로는 또 어디로 갈 것인지 물음표를 던지면서 자신의 현주소를 체크하는 것이다.

부모님께는 자식 노릇을 잘하고 살아왔었는지 동생들에게는 누나로서 언니로서 부끄럽지 않은 존재였는지 자문해 보면 언제나 그때 좀 더 잘할 걸 하고 후회가 앞서는 것을 보면 아직도 나는 많이 부족한 사람인가 보다.

가끔 '인생은 무엇인가'라는 문제에 직면한다. '나는 누구이기에'라는 의혹도 풀지 못하면서 그랬다. 아니 나라는 존재가 답파하는 인생을 먼저 알아야 자신의 정체성을 알게 되지 않을까. 인생은 천이면 천 사람 모두 각자의 소관이지만 통칭 인생은 연극이라고 한다. 영국의 문호인 셰익스피어의 말이다. 인생을 저마다 그럴싸한 연기를 해 보이는 무대로 설정했다는 게 돋보인다. 연출이며 각색 모두가 자기 몫이라서 자유롭기는 하나 사전 연습도 허용되지 않으므로 훨씬 힘들다.

역할이 마땅치 않으면 거절할 수도 있지만 사는 것은 심심파적으로 대할 수가 없다. 한 사람 연출자에 의해 진행되는 연극에 비하는 것은 무리지만 녹화방송 아닌 생방송이라는 것도 문제이다. 타의로 전개되는 연극도 노력에 따라 주연배우로 되거늘 각자의 역량에 의해 얼마든지 달라지는 게 삶이다.

그러고 보니 나도 수많은 역할의 주인공이다. 우선 나는 부모님의 소중한 맏딸로 태어났다. 그다지 효성스러운 딸은 아니었어도 공부도 제법 했던 모범생이었으나 그래도 부모님께는 슬기로운 딸로서 칭찬을 받을 때가 더 많았지 싶다.

결혼을 해서도 마찬가지였다. 성격은 좀 꺾였으나 시어머니에게는 여전히 발칙한 며느리였다. 남편에게도 그닥 살갑지 않은 아내였던 것은 나 자신 부인하지 않는다. 그렇다고 해서 가정에서의 역할은 등한시하지 않았다. 등한시는커녕 살림도 물이 나게 했다. 별난 성격이 원래 살림도 똑 부러지게 한다고 자부해온 것이다.

그런 성격을 알기 때문인지 시댁 가족들도 이렇다하게 탈을 잡을 게 없었던 것이다. 맏동서나 시어머님도 본의 아니게 자존심 상할 일도 있었을 것이나 명절이고 생신에 도리는 차렸기 때문에 군말은 못했던 것이다.

그것은 남편도 마찬가지였다. 마땅찮아서 바른 소리 할 때는 내가 봐도 참 어지간했다. 하지만 경우에 따라서는 위치도 제대로 세워준 것도 사실이다. 집안의 큰일도 그렇고 동네 행사가 있을 때도 아끼지 않고 돈을 쓰게 하면서 낯을 내게 만들었다. 생색은 아니어도 남편의 위신을 세워준 것이다.

아이들 교육은 더더구나 소홀히 하지 않았다. 의식범절과 예의범절도 깍듯이 가르쳐 주었다. 그 때문인지 어디 가서 버릇없다는 소리는 듣지 않았다. 딱히 잘해서가 아니라 성격이 드센 만큼 최선은 다했다고 자부하는 것이다.

아이들 모두 결혼을 하고 우리 부부만 단출하게 사는 시점이다 보니 이제는 좀 더 중요한 삶의 본질을 생각하게 된 것이다. 중요한 것은 삶의 본질을 파악했다는 것이다. 이것은 실제 수많은 사상가와 철학자들의 과제였지만 인생은 결국 알면 알수록 수수께끼 문제다.

뭔가를 깨달을 즈음이면 흙냄새가 구수해지는 늙음이 기다린다. 최선을 다해 살아온 것 같아도 후회스러울 때다. 지금과는 좀 더 다른 인생을 살아보고 싶다고까지 하지만 어떤 인생이든 후회스럽고 덧없기는 마찬가지일 것이다.

하지만 늘 그렇듯이 인생 역시 뭐 별 거 있으랴. 그냥 지금

가진 것에 만족하면서 사는 거라고 생각했다. 시골에서 소박한 생활이지만 푸른 하늘과 철철이 바뀌는 푸른 숲 바라보면서 사는 것보다 행복이 또 있을까 싶다. 봄이면 새싹이 파릇해지는 우리 집 마당도 좋고 여름이면 벌창을 해서 흘러가는 마을 앞 시냇물도 내게는 음악이다. 그렇게 며칠이 지나면 흙물이 가라앉고 옥같은 시냇물로 바뀌는 것 또한 감동이다.

 장마가 질 때는 흙탕물이었다가 가라앉으면서 뒷동산 풍경이 잠길 정도로 맑아지는 데서 인생을 배운다고나 할까. 돌아보니 나 또한 사연 많은 날들이었지만 날씨도 어차피 흐리고 맑고 그랬다. 맑은 날씨가 되려니 한바탕 비가 오고 태풍이 지나가야 하는 것이다. 인생 또한 행복과 기쁨을 누리자니 어려움을 치러야 했다.

 결국 너는 무엇이관데 하면서 수많은 의혹을 품어 보지만 인생도 단답형으로 나온 것이다. 더불어 살면서 수많은 역할을 맡아왔지만 이제는 자신의 역할에도 충실하고 싶다. 완벽까지는 아니어도 나름 최선을 다했다는 자부심이 남게끔 그렇게.

 인생이 결국 화무십일홍이고 아침이슬처럼 허망한 것이어도 그럴수록 이 세상 왔다는 흔적은 남기고 싶다. 인간은 결국 무한의 존재이지만 그로써 넓으나 넓은 우주에 아주 작은 획이나마 남길 수 있기를 소원하는 것이다. 그것이 세상에 왔다간 흔적이요 역할의 결과물이라면 말이다.

노을이 아름다운 날 쓰다

　노을이 지고 있다. 울먹이는 하늘이 지평선 끝까지 펼쳐진다. 거대한 색지를 펼쳐 놓은 듯 붉은 휘장을 늘어뜨린 것처럼 해거름 향연이 아름답다. 멀리 축구공만한 태양이 쑥쑥 잦아들면서도 수많은 산봉우리가 휙휙 지나갔다. 울멍줄멍 잔뜩 늘어서 있는 가운데 어떤 봉우리에 태양이 꼴깍 넘어갈지 귀추가 궁금하다.
　나는 속초를 떠나 안성으로 가는 버스 안에 있다. 얼마나 지났을까. 유리창까지 붉게 물든다. 하늘에서 들판에 이르는 가시거리가 온통 붉은 울음을 쏟아내는 것 같다. 저녁이면 누가 그렇게 붉은 색소가 든 주머니를 터뜨리면서 노을을 만드는지 짜장 궁금하다.
　누가 만든 것은 아니었다. 구태여 누군가 만들었다면 다름 아닌 빛의 산란이었다. 노을이 지는 것은 일단 빛의 산란과 관계가 있다. 빛은 보통(빨간색, 주황색, 노란색, 초록색, 파란색, 남색, 보라색) 일곱 가지 무지개 색으로 구성되며 파장이 짧을수록 산란이 잘 이루어진다.

공기 분자가 태양빛을 산란하면서 분산되는 색깔이 육안으로 보이는 하늘이 빛깔을 결정한다. 결국 보라색을 기준으로 남색, 파란색 등은 빛이 산란이 잘 되면서 파장이 짧아진다. 빨간색으로 갈수록 산란이 잘 되지 않기 때문에 파장이 길어진다. 파장이 짧은 색은 해거름이 되기 전에 대부분 흩어지고 파장이 긴 붉은색 계열이 늦게까지 남아서 노을을 형성한다.

유난히 노을이 아름다울 때가 있다. 대기 중에 수분이 없어서 대기가 건조해지면 태양빛의 산란 과정이 뚜렷하게 나타나 저녁 시간 관측할 수 있는 노을도 더 뚜렷하게 보인다.

내 삶의 노을도 그렇게 형성되지 않을까. 꿈과 목표와 소망 등은 파장이 길다. 그것은 즉 파장이 긴 붉은 띠 스펙트럼 같이 해거름까지 남아 있다. 그렇게 노을이 만들어지듯 어지간히 나이가 든 지금까지도 곁에 남아서 지켜준다. 반면 욕심이나 자만 우월감 등은 일찌감치 흩어져 버렸다. 어느 순간 부질없음을 알게 되고 목표와 꿈만이 마지막 보루가 되면서 마지막 노을로 뜨게 되었으니 다행이다.

그렇지만 노을이 매일 뜨는 것은 아니다. 어떤 연유로 해서 파장이 긴 붉은 빛까지 흩어져 버렸을 것이다. 바람이 불거나 흐리면서 빛이 모두 흩어지는 게 문제였을 테지. 나 역시 어느 날 꿈과 사랑이 마구잡이로 흩어지면 말년의 노을도 볼 수 없이 그나마도 삭막한 날씨가 되고 말 거다.

가장 아름다운 노을의 조건을 추적해 본다. 이를테면 파장이 짧은 것은 완전히 흩어지고 순수하게 붉은 빛깔만이 남아야 하지 않을까. 마찬가지로 가장 아름다운 삶의 노을이야말로 흩뜨려 놓을 것은 확실히 흩뜨리고 곁에 둘 것은 소중히 간직할 때라야 가능하다. 그렇지 않고서는 노을도 지지 않고 살풍경한 해거름같이 매일 봐도 무미건조한 날들이 되고 말 것이다.

노을로 내 삶의 끝자락을 풍요롭게 할 수 있으니 희망적이다. 지금까지보다 좁고 어설프고 그런들 상관있으랴. 모든 생활에서도 살면서 나의 본분으로 여기는 글도 열심히 쓰는 날들이다 보면 단, 하루도 즐겁지 않은 날이 없을 것이다. 가능하면 더 많은 노을이 뜨고 더 아름다운 노을이 덮이도록 최선을 다하는 셈이다.

하늘을 본다. 1시간이 넘었는데도 여전히 아름다운 노을이 장하다. 하서운권(霞舒雲卷)이란다. 노을 같이 피고 구름같이 말린다는 뜻으로, 그림의 필법(筆法)과 착색(着色) 등이 아주 묘

할 때 쓰는 말이다. 노을이라도 오늘은 특히 서쪽하늘 전체를 물들이고 있다. 워낙 넓은 공간을 물들이다 보니 1시간 이상이 되도록 그렇게 아름다운 풍경을 연출하고 있다.

 느낌이 수수롭다. 특별히 내 나이 노을에 접어든 것을 생각해 본다. 날마다 지는 태양인데도 노을이 아름다운 것은 왜일까. 어쩌다 노을이 뜨지 않을 때도 휴면기로 생각해 본다. 비바람이 치고 난 뒤라야 쪽빛 하늘이 돋보인다. 한동안 노을이 뜨지 않는다 해도 그로써 더 아름다운 노을이 될 것을 소망하는 날들이면 그런대로 바람직한 것을 생각해본 하루였다.

독감 후유증

"걱정 마세요. 코로나는 아닙니다."

의사의 말에 잠깐 가슴을 쓸어내렸다. 코로나 시국이 해제된 것이 언젠데 뒤늦게 감염된 줄 알고 며칠 동안 혼비백산했다. 그러던 차에 단순한 독감일 뿐이라는 의사의 선언에 한시름 놓았다.

솔직히 감기에 걸릴 만도 했었다. 사나흘 서울에 있는 모임 두 군데를 다녀온 것이다. 옛 친구들의 모임에서는 저녁 식사 후 차를 마시는 것으로 끝났다. 하지만 그 다음 날 동창회모임에 가서는 3차까지 이어지는 바람에 과로가 겹치면서 독감에 걸린 셈이다.

아침에 일어나니 목이 착 감겨 버렸다. 증상이 어찌나 심한지 목소리조차 나오지 않는다. 별 수 없이 딸 네 집에서 하루

묵으면서 치료를 받기로 했다. 혹시 코로나는 아닌지 노심초사하면서 병원에 도착했다.

다행히 코로나는 아니라는 말과 함께 주사를 맞고 한 이틀 약을 먹고 나자 증상은 많이 가라앉았다. 그러나 과연 만만치 않은 독감이다. 다 나은 것 같다가도 찬바람이 불면 또 콜록거린다.

어찌나 심한지 일상생활에 차질이 생길 정도였다. 모든 동호회에도 갈 수도 없고 가는 것도 조심스럽다. 꼭 가야 될 자리라서 참석을 해도 마스크를 착용하는 등 불편한 게 한두 가지가 아니다. 그렇게 다녀오면 또 처음 독감이 시작될 때처럼 밤새 기침을 하고 토할 것 같은 증상에 시달렸다.

그렇게 한 달은 갔다. 추위는 가고 더 이상 시달리지는 않았으나 말 그대로 홍역을 치렀다. 질병이라 해도 웬만치는 자신의 몫이라는 생각이 들었다. 이번 감기만 해도 스스로를 절제하지 못한 탓이다. 신정이라서 모임이 연달아 들기는 했어도 적당히 참석했으면 그렇게 고생할 이유가 없다. 모든 게 그렇지만 소소한 질병 역시도 자기를 다스리지 못한 결과 때문이리라.

세상에 질병이 없을 수는 없다. 더불어 모든 사람이 질병에 노출되어 있는 것도 부정할 수 없는 사실이다. 그런 속에서도 누구는 병에 걸리고 누구는 전혀 말짱하다. 개개인의 건강이

다르기 때문이기도 하지만 근본적으로는 면역력 때문이다.

 확률적으로 건강한 사람이 면역력도 강하다. 그런 중에도 뜻하지 않게 질병에 걸리는 것을 보면 관리 문제도 없지는 않다. 가령 단단한 그릇이라고 해서 함부로 다루면 깨지기 쉬운 것과 비슷한 맥락이다. 깨지기 쉬운 그릇일수록 조심할 경우 오래가는 법이다. 병약한 사람도 면역력 강화에 신경을 쓰면 난치병과 불치병을 제외하고는 나름 건강을 지킬 수 있는 것이다. 무엇보다 건강에 대한 인식이 중요하지 않을까. 선천적으로 건강을 타고 난 사람일수록 과신하게 마련이고 끝내는 병을 얻으면 그보다 유감스러운 일은 없으리. 부모로부터 유산을 많이 받은 사람도 벌지는 않고 흥청망청 쓰다 보면 그 많은 재산도 끝내는 탕진하게 되는 것처럼.

 반면 나약한 체질이기는 해도 평소 과식이 되지 않도록 주의하고 모든 환경적으로도 멀리하는 등 관리에 주력하면서 면역력을 키울 수 있다. 유산으로 받은 게 많지는 않아도 열심히 일하면서 근검절약한 끝에 나름 재산을 일구는 사람처럼 말이다.

 건강은 당연히 받아들일 수 있는 게 아니다. 건강을 절박하게 생각하는 사람은 건강한 사람이 아닌 병을 앓고 있는 당사자들이다. 건강의 필요성과 건강이 주는 자유를 가장 잘 아는 사람 또한 대부분 병자들이다. 건강한 사람으로서는 당연한 것이 그들에게는 절박한 소망이 되는 것이다. 병약한 지식인보다는 무식한 건강인이 훨씬 행복하다는 것만 봐도 충분히 알 수 있다.

질병에 걸리는 것은 갑자기 산이 무너져 내리듯이 오지만 치료할 때는 가는 실을 뽑는 것처럼 조금씩 낫는다. 재산을 모으기 위해서 건강을 해치는 것도 소탐대실의 우를 범하는 격이다.

오죽해서 옛 어른들은 신체발부(身體髮膚)는 수지부모(受之父母) 불감훼상(不敢毁傷)은 효지시야(孝之始也)라고 했다. 우리의 몸과 피부와 머리털 하나도 부모님으로부터 받았다는 것이다. 아울러 그것을 손상하지 않는 것이 효의 시작이라고 했다. 당연히 건강에 주의하라는 뜻이었던 것이다. 건강을 지키지 못해 부모 앞에 유명을 달리하기라도 하면 그보다 큰 불효 또한 없음이다.

한 달 내 시달렸던 독감을 헤아려 본다. 후유증은 심각했지만 그로써 건강을 생각하게 되었다. 성공도 좋고 명예도 중요하지만 건강한 생활을 토대로 포부를 이루고 꿈을 펼치면서 자기 삶을 풍요롭게 하는 것이야말로 건강이 주는 최대의 축복이고 결실임을 돌아보면서.

모란을 닮은 여자

 봄기운이 완연하다. 모처럼 뜰을 거닐었다. 담장 옆으로 모란이 탐스럽게 피었다. 5월의 훈풍에 꽃내음이 묻어난다. 뜰에서 삽짝문까지 분홍빛 서기가 뒤덮인다. 앉으면 모란이요 서 있으면 함박꽃이라는 말처럼 이슬을 머금은 채 다소곳 핀 모습이 자못 미쁘다. 모란을 분양해 주던 여인이 떠오른다.
 그날도 운동을 하려고 하는데 소녀처럼 예쁘장한 여인이 들어온다. 첫눈에 반하였던 나는 늘, 볼 때마다 경이로움이 느껴질 정도로 아리따운 사람이다. 나이보다 앳된 모습은 그만치 순수함에서다.
 모란을 분양해준 것은 초봄이었다. 함께 정겨운 식사도 하면서 임의로워질 즈음이었다. 뿌리까지 가지런히 모아 갖고 와서는 잘 심어서 예쁘게 키워 보라 한다. 주는 사람의 마음씨를 닮은 것처럼 반들반들 윤기가 돌고 튼실하게 보인다. 베푸는 것을 좋아하는 나의 知己는 모란을 닮았다. 볼수록 단아한 모습이다.

그렇게 서너 뿌리로서 심은 지 두 달 만에 꽃을 피운 것이다. 한편으로는 목단이라고도 부른다. 나무에서 꽃을 피운다 하여 일제 강점기에 불렀던 이름이지만 순수한 우리말 모란이 더 애착이 간다. 당연히 주는 사람의 품성을 닮아서다.

일제 강점기라 하면 그에 뒤미처 6·25의 격동기를 거치고 보릿고개에서 엄마의 품에서 꼼지락거렸던 우리로서 배고픈 시절을 잘 몰랐지만 어쨌든, 같은 세월에서 자랐다.

첫째는 여성의 아름다움과 우아함을 상징하는 꽃으로써 모란의 풍부한 꽃잎과 사랑스러운 색상이 그것을 여실히 나타내 준다. 실제 중국에서는 양귀비 등 얼굴이 예쁜 사람을 모란꽃에 비교하기도 했지 않은가.

둘째는 부귀와 명예를 나타내는 꽃으로써 부귀화(富貴花)라고도 한다. 우리나라에서는 과거 조선 후기부터 왕가의 혼례복이나 병풍, 민화 등에서 부귀를 주제로 사용되었으며 궁궐의 중전(中殿)뜰 앞에만 심을 만치 귀하게 여긴 꽃이기도 했다. 그런 인식은 현재까지 남아있어 또 다른 부귀(富貴)를 나타내는 꽃인 해바라기 꽃과 더불어 우리나라 사람들에게 가장 친숙한 꽃이라고 할 수 있다.

이 꽃을 분양해준 여인도 그런 이미지였다. 이성이 아닌 동성끼리도 눈에 콩깍지가 씌는지 볼 때마다 친숙한 느낌이다. 남달리 비싼 옷을 입지도 않건만 어딘지 범접할 수 없는 품위가 배어나온다. 듣기로는 남편이 사업을 하면서 꽤나 잘 살았다고 한다. 이제 70하고도 후반으로 은퇴를 하고 뒤늦게 전원생활을 한다고 시골에 내려온 성싶다.

남편뿐 아니라 본인 역시 무슨 큰일보다도 늘 봉사정신이 몸에 밴 듯 겸손해 보인다. 경제적으로 여유가 있기도 하지만 인품에서 더욱 돋보인다. 언제 봐도 지고지순한 모습은 그 때문일 게다. 난초마냥 지초마냥 청순하고 아름다운 모습을 보면 말이다.

젊어서의 서울생활을 정리한 뒤 시골에서 전원생활을 하는 것도 나와 다를 게 없다. 간혹 소심한 면에서 늘 할 말을 제대로 못할 때도 있는 것을 볼 때 조금은 부러울 때가 있다.

햇살이 노곤하다. 담장을 돌아가니 오솔길에 찔레꽃이 환하다. 모란이 탐스럽고 화려한 느낌이라면 찔레꽃은 순박하게 보인다. 그러면서도 모란꽃 이상의 아름다움이 보이는 것도 특별하다. 이를테면 다소곳한 나의 지기(知己) 석옥자氏는 모란꽃 닮은 여인이었다.

그에 비해 나로서는 모란이 필 때쯤이면 우리 집 언덕 위로 무성하게 피는 하얀 찔레꽃이 생각났다. 가시로 뒤덮인 채 꽃도 수수한 빛깔이지만 볼수록 친근감이 든다. 모란이 잘 다듬어진 정원의 꽃이라면 덤불 숲 같은 데서 순박하게 피는 꽃이라고나 할까.

가령 그 핀 곳이 가파른 덤불이라 해도 산딸기가 붉게 붉게 물들면서 익는 곳이다. 뿐이랴. 잡목이 무성한 곳이지만 어쩌다 아늑한 자리에 보면 산새알 한두 개가 보석처럼 예쁘게 자리 잡고 있다. 이따금 찔레순을 따먹으면서 들었던 해맑은 새소리는 산새알을 품기 위해 드나들던 어미새의 노래였을 테니 생각만 해도 고풍스럽다.

나도 그렇게 살 거라고 다짐해 본다. 나 자신 모란처럼 고귀한 꽃은 아닐지언정 내 거처하는 곳은 산새가 노래하고 바람이 싱그러운 덤불숲이고 싶었다. 실제 온실 속의 꽃처럼 도심의 화려한 아파트에서 우아하게 살 수도 있지만 시골을 택해서 온 것도 그 때문이다. 같은 꽃이라 해도 모란을 분양해준 나의 知己처럼 차분한 사람이 있는가 하면 험한 바위 절벽에서도 해맑게 피는 꽃도 많았다.

그래, 들꽃처럼 사는 것이다. 물도 거름도 귀한 곳이지만 그런 곳일수록 꿋꿋이 피는 꽃이고 싶다. 꽃이라고 예쁜 게 전부는 아니지 않은가. 꽃이 아름다운 것은 화려한 꽃잎과 은은한 향기 때문이기도 하지만 척박한 땅에서도 굽히지 않고 피는 의지 때문이다.

나 자신 또 잔잔하게 피는 들꽃을 얼마나 좋아했던가. 모란꽃 닮은 그녀를 사랑하고 포근히 감싸 안을 때 모든 게 그렇듯이 꽃도 개성이라고 말할 수 있다. 뭐랄까, 모란처럼은 아니어도 들꽃처럼 소박하고 잔잔한 이미지도 꽃으로 보기에는 손색이 없다는 뜻에서.

그 꽃은 더구나 우리 집 마당의 화사한 모란으로서는 들을 수도 없는 물소리 새소리 바람소리 들으면서 살 테니 작히나 좋으랴. 밤이면 또 숲속 어름까지 내려오는 별들의 이야기를 들을 수도 있다. 그렇게 열어가는 하루가 천금만치 귀한 것을 숙지하면서 모란을 분양해준 知己를 생각하는 것이다. 무릎까지 봄빛 차오른 뜨락에서⋯.

2.
무주구천동

몽이

 일찌감치 산을 오른다. 집을 나서고 얼마쯤 갔을까, 달랑달랑 몽이가 저만치 따라온다. 방울을 단 것은 아니지만 까딱까딱 고래를 주억거리며 따라오는 모습이 앙증맞다.
 몽이는 아직 두 돌도 채 안 된 이웃집 강아지다. 친정에서 가져온 햄스터라는데 하얀 털에 뒤덮인 모습이 천연 복슬 강아지처럼 생겼다. 산책을 나갈 때면 어김없이 따라붙는다. 언덕을 오르다가 잠깐 쉬면 기다리기나 한 듯 저도 돌막에 걸터앉는다. 푸른 하늘 떠가는 구름이라도 볼라치면 저도 제법 고즈넉한 표정을 지으면서 하늘을 본다. 무슨 생각을 하는 것일까.
 무심코 등을 쓰다듬는다. 살짝 놀란 듯 나를 쳐다본다. 그 눈이 새까만 단추를 박아 넣은 것처럼 앙증스럽다. 붙임성은 또 얼마나 좋은지 나만 보면 반색을 한다.

그날도 볼 일이 있어서 이웃집에 들렀다. 대문을 들어서는데 마루에 있던 녀석이 달려 나오더니 별안간 바짓가랑이를 붙잡고 늘어진다. 그리고는 꼬리를 흔들면서 마당을 한 바퀴 도는 것이다. 반가워하는 기색이 절친한 이웃보다 더하다. 농사일 하랴 살림하랴 바쁜 친구는 그럴 수밖에 없다.

그날도 복숭아 작업에 눈코 뜰 새 없이 동동거리는데 한낱 강아지가 그리 반긴다. 방해가 될 것 같아 집을 나서는데 그렇게 따라나선 거다. 사람이고 동물이고 새끼들은 다 그렇게 귀여운가 싶다. 더구나 집주인도 아닌데 그리 친근해질 수 있다니 동물을 좋아하지 않는 나도 미소가 떠오르면서 마음이 따스해진다.

동서고금을 막론하고 사람과 가장 친밀한 동물이 있다면 개가 아닐까. 특별히 '오수의 개' 전설이 유명하다. 전북 임실군 오수면 오수리에는 의견비(義犬碑)가 세워져 있고 지금도 주민들이 의견제를 지낸다.

아득히 옛날 개를 무척 좋아하는 사람이 있었다. 일하러 갈 때나 놀러갈 때나 항상 데리고 다녔다. 언젠가 그날도 개를 데리고 장을 보러 다녔다. 공교롭게도 술에 취해 집으로 오다가 들판에서 그만 잠들어 버렸다.

얼마나 시간이 지났을까, 돌연 타다닥 소리와 함께 산불이

났다. 옆에서 꾸벅꾸벅 졸고 있던 개는 화들짝 놀라 멍멍 짖으면서 주인을 깨웠다. 그러나 술에 만취한 주인은 일어날 줄 몰랐다.

불은 자꾸 번져 오고 다급해진 개는 냇물에 몸을 던졌다. 당연히 털에 물이 흠뻑 묻었다. 부랴부랴 달려와서는 주인이 잠든 주변을 뒹굴었다. 한 번 두 번 세 번 수없이 오가면서 불을 끄는 동안에도 만취한 주인은 깨어날 줄 몰랐다. 그렇게 하기를 몇 차례 불은 더 이상 번지지 못했으나 지친 개는 그대로 쓰러져 죽고 말았다.

얼마 후 잠에서 깬 노인은 옆에서 까맣게 타죽은 개를 보았다. 깜짝 놀라 살펴보고는 상황을 짐작했다. 산불이 나자 주인을 구하겠다고 그 작은 몸뚱이로 개울물을 적셔서 끼얹느라고 저리 탈진한 채 죽어버렸던 거다.

슬픔에 잠긴 노인은 생명의 은인인 개를 고이 묻어 주었다. 지금도 오수 마을에는 개가 죽은 자리에 꽂은 말뚝에서 자라났다고 전해지는 오수(獒樹)나무가 당시의 상황을 증언하는 듯 의견비 주위에 서 있다.

불을 꺼서 주인을 구하거나 위험에 처한 상황을 알려 주인을 살리는 의견설화는 전국적으로 널리 분포돼 있다. 그만치 서민들과 애환을 같이 한 동물이라는 것을 말해 주는 셈이다. 그

마을의 지명으로 알려진 오수리의 '오수'도 낮잠이라는 뜻이었을 테니까.

한낮이 겨웠다. 볕이 뜨거워지는 바람에 서둘러 언덕을 내려갔다. 몽이도 그제야 생각난 듯 따라 일어선다. 녀석도 이제야 집 생각이 난 것일까. 고샅길을 돌아가니 몽이네 집이 보이고 녀석은 재빨리 들어갔다.

그것을 본 친구가 "자기랑 같이 있었어?"라고 묻는다.

"응 산책을 가는데 따라오더라구?"

"그런 줄도 모르고 여태 찾아다녔지."

주인이 찾을 것을 미처 생각 못한 내가 "어휴, 미안해서 어쩌지?" 했더니 괜찮다고 손을 흔들며 들어간다.

물끄러미 보고 있자니 몽이와 함께 산책을 다녔던 한나절 일이 꿈처럼 스쳐간다. 오래된 전설이지만 오수의 개를 통해서 느낌이 수수롭다. 사람은 아니지만 사람보다 더 의롭고 충성스러운 미덕을 새기는 것이다. 녹음으로 뒤덮인 뒷산 어름에서.

무주구천동

첫눈에도 기기묘묘한 바위다. 백설에 뒤덮인 골짜기와 하늘을 향해 뻗은 낙락장송을 보니 절경이 따로 없다. 겨울이면 세상은 온통 침묵에 덮인다. 내가 찾아 온 곳은 전라북도의 무주구천동이었으나 개골산이 떠오르면서 옷깃이 절로 여미어진다.

누구나 알다시피 개골산은 겨울 금강산을 지칭한다. 백설이 뒤덮인 가운데 일만 이천 봉우리만 우뚝우뚝 솟아 있는 기상이 보일 듯한데 덕유산의 무주구천동에서도 그 느낌을 받았던 거다. 금강산만치는 아니어도 골짜기 늘어선 기암절벽을 보면 자연스러운 상상이다.

어디 개골산뿐이랴. 풍경이 파릇해지는 봄에 오면 푸른 신록과 진달래, 철쭉이 어우러진 골짜기가 오색비단에 수를 놓은 것처럼 아름답다. 여름에는 또 초록이 묻어날 것처럼 등등한 초록이 여름 금강산인 봉래산이 무색할 정도다. 그러니 가을의 단풍은 물론 지금 보는 겨울 산자락의 고즈넉한 풍경도 빼놓을 수 없다.

　금강산이 태백산맥의 절경이라면 무주구천동이 있는 덕유산은 소백산맥의 중심부에 솟은 산이다. 주봉은 향적봉(香積峰, 1,614m)으로, 남서쪽에 위치한 남덕유산(1,507m)과 쌍봉을 이룬다.

　이따금 생각날 때마다 혼자 집을 나서곤 했었다. 특별히 무주는 15년 전 여름으로서 계곡물을 따라 가노라면 그 풍광이야 말로 많은 생각을 품게 하였던 곳이다. 숙소에 도착한 것은 해거름이었다. 무주 읍내를 지나 한적한 곳이었다. 오래전 머물던 그때와 별반 달라진 게 없었다. 낡은 건물이지만 어딘가 정겹다. 주인은 바뀌었어도 오래된 친구의 집을 방문하는 것처럼 스스럼이 없다.

　저녁을 먹고 나자 주인분이 손님들에게 동동주를 권한다. 밥알이 동동 뜨는 술을 바가지에 담은 것도 고풍스러운데 표주박으로 일일이 떠 주는 게 참으로 정스럽다. 이름조차 아름다운 술을 천년의 풍경을 자랑하는 무주에서 특별히 구천동 초입에서 대하고 보니 감회가 새롭다. 그렇게 하룻밤 머물고는 오늘 숙소를 떠나 구천동을 오르게 된 것이다.

　구천동은 무주의 상징이다. 무주하면 구천동이 떠오를 정도의 명소라 할 것이다. 나제통문에서 백련사까지 빼어난 경치가 곧 '33경'이다. 담(潭)이니 폭(瀑)이니 탄(灘)이니 대(臺)니 하는 근사한 명칭이 아니어도 멋지고 시원한 명소가 굽이굽이 이어졌으니 계곡의 정취를 느끼기에 이만한 곳도 없으리라.

제1경은 나제통문이다. 신라와 백제가 서로 통한 데에서 이름이 유래된 커다란 석문인데 지금은 설천면에서 경상도 영향을 많이 받은 무풍면으로 넘어가는 통로가 되었다. 무풍면은 경남 거창과 경북 김천의 접경이기도 하다. 실제로 암벽에 길이 난 건 일제 강점기 때라는 주장도 있지만 삼국이 각축을 벌이던 예전의 지형적 판세를 살펴봤을 때 정말 잘 어울리는 이름이다.

대부분의 관광객들은 나제통문에서 인증샷만 찍고 마는데 자세히 살펴보면 재미있는 것들이 있다. 통문 양쪽 입구 가에 세워진 열녀비와 음각된 글씨들은 여행자들로 하여금 작가적 상상력을 발휘하게 만든다.

또 나제통문에서 구천동계곡을 따라 나 있는 '옛길'을 따라 걸어보는 것도 좋다. 아직 조성 공사가 끝난 건 아니지만 맑은 물과 따사로운 햇살을 벗하며 걷다 보면 마음이 한없이 평화로워진다. 특히, 벚꽃이 만개하는 봄철에는 황홀지경의 선계가 따로 없다는 게 지역 주민들의 한결같은 자랑이다. 계곡물 소리에 귀를 기울이면 거문고 타는 소리가 들린다는 청금대와 배의 돛대 모양을 한 일사대 등이 쌍벽을 이룬다.

집채만 한 그 바위엔 노송 한 그루가 어렵게 생명을 이어오고 있으니 사람들은 이를 천년송이라고 하고 바위를 천송암이라 부른다. 천송암의 천년송은 신라 때 일지대사가 꽂아 둔 소나무 가지에서 자란 것이라고 전해진다. 흙 한 줌도 없는 바위 틈에서 오로지 하늘 향해 자라는 모습이 볼수록 어기차다.

옛날부터 사찰이 많았던 곳이다. 금강산 골짜기마다 절이 있었다고 하지만 무주에도 스무 남은 개 절이 있었다. 각 사찰에서 불도를 닦는 불자가 9천명이었다는 데서 구천동이라는 이름이 생겼다.

인근에는 또 설천면이 있다. 스님들의 아침저녁 공양을 드리기 위해서 쌀을 씻을 때마다 눈처럼 하얗게 흘러가는 뜨물을 본 사람들이 붙인 이름이다. 인적이 뜸한 숲, 풍경소리만 들리는 사찰에서 공양을 올리고 재를 드리는 풍경이 잡힐 듯하다.

일설에는, 구씨와 천씨가 사는 마을이라고 해서 붙여진 이름이라고 한다. 지금으로부터 300년 전, 한 나그네가 깊은 산속에서 길을 잃었다. 다행히 외딴 집 한 채가 있었다. 친절한 주인의 대접을 받으며 쉬고 있는데 분위기가 심상치 않았다.

집에는 노인부부와 아들부부가 살고 있었다. 구씨 성을 가진 노인은, 자기는 본래 서울 사람인데 휴양 차 오게 되었다고 했다. 풍경도 마음에 들고 해서 눌러앉게 되었는데, 같은 마을의 천석두라는 거부가 까닭 없이 미워하며 괴롭히고 있다고 말했다.

천석두는 이미, 구노인의 아들이 자기 며느리를 유혹했다는 소문을 퍼뜨렸었다. 그것을 빌미로 노인의 아내를 자기 아내로, 노인 며느리를 자기 며느리로 데려가겠다면서 엄포를 놓았다. 내일이 결혼식이라는 말에 나그네는 관아에 고하라고 귀띔해 주었으나 노인은 천씨 일가의 집성촌이라서 어려울 거라고 했다.

이튿날 나그네는 무주부 동헌으로 향했다. 고을의 사또 임혜진에게 신분을 밝히고는 광대 네 명을 불러서 함께 구재서의 집으로 갔다. 구재서의 집에는 사모관대를 쓴 천석두 부자가 와 있었다. 혼인이 시작될 즈음 휘황찬란한 옷을 입고 대장군으로 분장한 광대들이 나타났다. 잔치는 급기야 난장판이 되고 말았다.

천석두 부자를 벌준 사람은 어사 박문수였다. 박문수는 천석두 부자를 벌한 뒤, 구재서 노인의 아내와 며느리를 돌려보냈다. 마을에는 평화가 찾아왔고, 이후로 구씨 성과 천씨 성을 가진 사람들이 사이좋게 지내면서 '구천동'이라고 부르게 되었다.

아무리 옛날이지만 깊은 골짜기라서 황당한 일이 벌어졌던 거다. 한양에서도 천리나 떨어져 있으니 무법천지일 수밖에 없다. 산천초목이 떤다는 어사출두가 아니면 힘만 믿고 날뛰는 천씨들의 횡포를 막기는 힘들다. 기암절벽 풍경일수록 오지마을인 경우가 많고 치안이 허술하다 보니 어처구니없는 사건도 발생하게 된다.

아름다운 풍경은 그렇게 잔인한 속내를 감추고 있다. 얼핏 들으면 물소리, 새소리, 바람소리만 어우러지는 곳이다. 하지만 숲속의 동물만 해도 보이지 않는 데서 벌어지는 약육강식에 시달린다. 소리개와 독수리 등 맹금류에 쫓기는 작은 새들을 보면 푸른 하늘에서도 살생이 난무한다.

어쩌면 그게 세상 이치일 수도 있다. 천적도 필요하다고 했으니까. 어떤 동물이 필요 이상 번식하면 생태계가 깨지고 자연도 손상되고 말 것이다. 자연의 법칙은 그렇더라도 인륜과 도덕이 앞서야 되는 인간들 세상은 그래서는 안 될 것인데도 무법천지 세상이 난무한다.

유감이기는 하지만 어사 박문수처럼 쾌도난마 식으로 척결되는 게 장쾌한 느낌이다. 우리 또한 비리와 비도덕적인 것을 보면서 탄식보다는 정의를 바로세우는 일의 중요성을 깨우치면서 인격적으로 큰다. 나 자신 살면서 찌들고 각박해질 때마다 절경을 찾아와 마음을 다스리고 절제하는 것처럼.

해거름이 되었다. 잠깐 세상에서 동떨어진 채 보낸 하루가 꿈만 같다. 저 아름다운 풍경을 두고 어찌 가나 싶지만 다시 또 오리라고 생각했다. 이따금 생각날 때마다 절경을 찾아와 휴식을 취하면서 에너지를 충전하는 것으로서.

밑 빠진 항아리

봄이 되었다.

봄맞이 행사로 꽃밭을 다듬었다. 모퉁이에 늘어서 있던 빈 항아리와 화초를 정리하던 중에 밑 빠진 항아리를 보았다. 켜켜로 쌓인 낙엽을 들추고 보니 세상에나 항아리 몸체와 바닥이 완전 분리되었다. 그리고는 놀랍게도 밑 빠진 항아리 바닥에 둥지튼 새집을 본 것이다.

모르기는 해도 어떤 과정으로 인해 항아리 밑이 빠졌을 것이다. 하지만 그렇다고 보기에는 우리 집 뒤란에 있던 항아리다. 어디 들판에 방치된 거라면 혹시 얼어붙은 채 분리가 되고 새가 들어가서 바닥에 터를 잡고 집을 조성할 수도 있지만 나 자신 수시로 들락거리면서 뒤란을 보살펴 왔는데 그럴 리는 없었다.

하지만 그렇다고 잠든 새 무슨 일이 난들 알 수 있는 것도 아니다. 생각하니 지난해는 사상 유래 없이 폭설이 자주 내렸다. 녹다가 다시 눈이 쌓이면서 얼기를 반복했을 수 있다. 그로써 항아리에 금이 갔을 테고 때마침 폭설에 길이 묶인 새 한 마리가 옳다꾸나 집을 지은 것인지 모르겠다.

솔직히 내가 무척 아끼던 항아리였다. 깨진 것은 심히 유감이었으나 그로써 묘하게 지은 새집을 보게 되었다. 항아리 밑의 새집이라니 생각이나 했을까. 거기서 무사히 겨울을 난 것도 놀라운데 새끼를 까고 키워서 날려 보낸 흔적까지 있다.

더구나 그 새들의 영역에서 또한 항아리 밑의 새집은 획기적인 사건으로 기록되었을 테니 경이롭다. 바닥으로 자잘한 깃털이 어수선하게 널려 있었던 것이다. 나로서는 아까운 일이지만 난데없는 폭설로 항아리에 금이 갔다.

그나마 쩍 갈라졌으면 아무리 새라도 집을 지을 엄두를 내지 못했을 텐데 천행으로 몸체와 바닥이 분리되면서 새집으로 적당한 조건이 되었던 것이다. 무지하게 추웠던 한겨울 집도 없이 방황하던 새가 적당한 휴식처를 찾아 머물고 새끼까지 까서 날려 보냈다. 아끼던 항아리를 생각하면 유감이지만 좋은 일이나 한 것처럼 마음이 흐벅지다.

뭐랄까 하나의 파괴는 새로운 창조를 낳는다. 언젠가 이웃집에서 담장이 무너질 때도 그랬다. 그 집 또한 해동이 되면서 담이 무너졌다고 하는데 봄내 여름 내 거기서 자운영이며 채송화 등이 봄내 가으내 오글오글 피었다.

어디서나 볼 수 있는 꽃이지만 무너진 담벽의 돌무더기 속에서 핀 것이 참으로 고왔다. 자라다 보면 틈바구니에 걸리고 돌에 깔리면서 피는 둥 마는 둥 시원찮았으나 빛깔만은 얼마나 산뜻한지 탄성이 절로 나왔다.

물기도 하나 없이 담벼락 돌 틈에서 피었다. 그럴 수밖에 없다. 그렇게 피던 꽃이 지고 나자 잎은 곧장 시들어버렸다. 자리가 자리인 만큼 당연한 수순이었다. 그러나 한편 잎줄기는 빈약해도 꽃빛깔만은 아름다울 수밖에 없었던 일련의 배경이 참으로 감동적이다.

나 역시 언제 어디서든 나의 기초가 깨질 것은 자명한 일이다. 하지만 그럴 때일수록 뭔가가 대신 아름답게 필 것을 기대할 수 있으니 나쁘지만은 않다. 요즈음에는 특별히 나이에 대한 핸디캡이 크지만 기억력은 떨어져도 통찰력이 자란다.

신체적인 기능 또한 저하될지언정 눈부신 지혜가 생긴다. 자신의 모든 것은 시들어가도 등대처럼 영원히 빛날 소망이 있다. 밤바다를 비추는 것은 오롯이 등대인 것처럼 쇠락해가는 나의 삶을 영원히 지탱해 줄 꿈과 소망은 잡고 있어야 하리.

한겨울 밑 빠진 항아리에서나마 살림을 차리고 새끼까지 쳐서 푸른 하늘로 날려 보냈을 작은 새들의 모습이 오늘따라 짠하다. 신혼을 맞은 새인지 혹은 집에서 쫓겨났는지 몰라도 꿈을 잃지 않고 나름 꿈을 펼치듯 나 또한 밑 빠진 항아리처럼 절망적인 상태에서도 능히 포부를 펼쳐 보이고 꿈을 키울 수 있기를 구도하는 셈이다.

버드나무 움트다

 둔덕의 산수유나무가 꽃을 피웠다. 누군가 좁쌀 한 줌 구워 매단 것처럼 노란 꽃송이. 냇가의 버드나무 역시 통통 물이 올랐다. 얼마 후에는 새순을 달고 치렁하게 늘어진 가지는 초록색 물로 차오르겠지.
 생각하니 가장 먼저 봄을 알리는 나무였다. 냇가에서 자랐으니 봄물을 긷는다고 애쓸 필요 없이 금방 봄으로 차올랐을 것이다. 아무렇게나 심어도 살고 아무데서나 가리지 않고 크는 습관도 그래서 비롯된 것은 아니었을까. 냇가에 매어둔 송아지가 목마를 걱정 풀 뜯을 걱정 없이 풍족하게 살 수 있는 것처럼 버드나무 역시 아무리 가문들 물 걱정은 덜었을 테니 그보다 최적의 조건은 없을 것이다.
 하지만 큰물이 지면 문제는 달라진다. 여느 때는 지천이라 걱정은 덜었으나 그때는 대책이 없다. 범람하는 물에 둑이 무너지면 열에 아홉은 변을 당한다. 뿌리가 드러난 채 모로 누워 떠내려가는 나무를 보면.

며칠 후 볕이 들고 큰물도 지나갔다. 그 무렵 우연히 냇가를 지나는데 모로 쓰러져 있는 나무 한 그루가 보였다. 어디서부터 떠내려 왔는지 잔가지는 모두 꺾이고 굵은 가지만 남았다. 항아리 등 가정집물이 떠내려가는 일은 흔했으나 나무가 그중에서도 버드나무를 볼 때는 물가에 살아서 불리했던 여건이 생각났다. 기진맥진 늘어진 채 쓰러져 있던 모습이 짠했다.

산골짜기 갈참나무가 떠내려 오기도 하지만 대부분 버드나무였던 것이다. 무엇보다 평소에는 흔했던 것이 어느 순간에는 악조건으로 자리 잡는 것을 알겠다. 물이 완전히 빠지면 다시 소생할 수는 있겠지만, 갯버들과 묏버들의 운명적인 고리를 보았다고나 할까.

결국 묏버들이 무성하면 갯버들은 장마에 홍역을 치르게 마련이다. 큰물이 져도 언덕의 묏버들은 타격을 입지 않았다. 타격은커녕 물을 흠뻑 먹은 잎이 참기름이나 바른 듯 반짝인다. 비가 오지 않을 때는 시들시들 보기에도 안쓰러운데 큰물이 지나고 나면 눈에 띄게 푸르러진다. 가뭄이 들거나 홍수가 진들 식물은 모두 살게 마련인 걸까. 들판을 보고 열리는 도토리처럼 그런 느낌이다.

  도토리가 뭐 상수리나무나 갈참나무처럼 종류별로 날씨에 반응하는 것은 아니지만 버들로서는 뿌리박고 사는 위치가 각자라는 것에 의미를 둔다. 산에 사는 묏버들은 비가 자주 오는 날씨를 좋아할 테고 강변의 갯버들은 어지간히 가물지 않으면 낭패는 겪지 않을 테니까. 비가 자주 와서 큰물에 휩쓸리기 보다는 부족한 대로 살 수 있는 여건도 괜찮을 것이다.

  버드나무를 싫어했다. 축축 늘어지는 모습도 성격상 내키지 않았다. 바람 부는 날 수많은 가닥이 흔들릴 때는 보는 것도 을씨년스럽다. 중심을 잡지 못하고 우왕좌왕하는 사람을 보는 것처럼 그랬다. 화류계라고 하던 내력 또한 마찬가지였다. 옛날 기생을 두고 길가의 버드나무나 장미에 빗대 '노류장화(路柳墻花)'라 불렀고 이들의 활동무대가 꽃과 버드나무를 뜻하는 화류계였다. 어딘가 난잡한 생활이 그려지곤 했던 배경이다.

  특별히 야담집에 전해 오는 이야기도 그 뜻을 담고 있다. 조카 단종을 몰아내고 왕위에 오른 세조는 대군이던 14살에 이미 화류계를 드나들었다. 어느 날 밤 기생방에서 곯아떨어졌을 때 기둥서방이 예고 없이 찾아와 문을 두드렸다. 놀란 수양은 담을 넘어 도망쳤지만 사내가 쫓아오자 속이 텅 빈 늙은 왕버들 속으로 들어가 간신히 화를 면했다.

그렇게 버드나무 썩은 틈에서 빠져 나오려는 순간 버드나무 집에서 웬 노인이 나왔다. 노인은 소피를 보고는 바지춤을 여미다가는 "이 버드나무에 웬 자미성이 내려와 있지?"라고 중얼거리면서 밤하늘을 바라보더란다.

차천로(車天輅)의 야담집인 『오산설림(五山說林)』에 실린 얘기다. 그때부터 국왕이 될 것을 꿈꾸었다는 게 핵심 내용이다. 그로써 마침내 세조가 되었다고 하는데 하필 수양대군의 陽이 버드나무를 가리키고 있으니 필연일까.

누구나 알다시피 버드나무는 축축한 곳을 좋아한다. 말하자면 수원지의 수종이라 할 수 있는 나무다. 산에서 물을 찾기 위해서는 버드나무가 자라는 곳만 찾으면 된다. 버드나무가 있으면 물은 자동적으로 흐르기 때문이다. 버드나무는 결국 봄 마중물 나무였던 것일까. 까칠할 정도로 노곤한 봄 초입에서도 푸르게 물들어가는 모습만 봐도 충분히 알 수 있다.

소나무처럼 꿋꿋한 기상도 없다. 떡갈나무처럼 단단한 나무도 아니지만 아무렇게나 꽂아도 살고 아무데서나 자라는 생명력이 장하다. 특별히 겨울을 깨뜨리고 움트는 봄의 지기를 가장 먼저 뿜어내는 나무다.

나도 그렇게 살 것을 다짐해 본다. 세상 모든 행복은 먹구름 뒤에 펼쳐질 푸른 하늘이었다. 봄은 또 차가운 겨울 속에서 움을 틔웠다. 물가의 버드나무로서는 익숙한 풍경이었다. 그렇게 입을 꼭 다물고 있던 계절도 끝내는 봄이 되고야 마는 필연을 숙지하는 셈이다. 얼마나 오랫동안 얼음에 갇혀 지냈는지 그리고 얼마나 모진 삭풍이 불었는지는 수도 없이 목격해 왔던 갯버들처럼 그렇게.

벼이삭에서 겸손을 배우다

바다처럼 너른 들판에 금물결이 생겼다. 바람에 넘실대는 벼이삭을 보니 새삼 뿌듯하다. 무심히 바라보는 사람도 이럴진대 직접 키운 농부는 얼마나 뿌듯할지 상상이 간다. 무거운 듯 고개를 숙이고 있는 벼이삭이야말로 가을벌판의 마스코트로 충분했다.

옛날부터 농자천하지대본이라고 왜 그렇게 강조했는지 알 것 같았다. 하지만 농사를 짓는 사람들의 입장에서 보면 오래전의 이야기일 뿐 농사를 그렇게 최상으로 치는 분위기는 아니었다.

솔직히 그 간의 농작물 시세는 물가상승률에 미치지 못했고, 결국 타산이 맞지 않아 떠나는 것이다. 값이 하락할 때는 소독약과 자재 값을 제하고 나면 손 탈탈 털기 일쑤란다. 요행히 값이 좋다 싶으면 수입 농산물이 들어오고 기껏 지은 농작물이

판로를 잃고 밭에서 묵어나가는 일은 아주 흔한 얘기가 되고 말았다.

1970년대 초만 해도 식량 자급률은 80%를 넘었으나 지금은 35%수준까지 떨어졌다. 해마다 감소되는 자급률 때문에 엄청난 외화를 들이면서 식량을 수입해야 되는 실정이다. 열악한 의료시설과 문화 시설은 물론 갈수록 어려워지는 자녀교육도 이농현상을 부추겼다. 인구가 떠나는 농촌지역은 인구과소 문제가, 도시지역은 인구과밀 문제로 골머리를 앓다가 뒤늦게 귀농현상이 나타난 셈이다.

우리나라가 삼국 시대부터 내려온 농업국이라는 건 다 알고 있다. 속담이나 경구 또한 농사에 관련된 게 많았다. 이십사절기 역시 농사의 단계적 과정을 세분한 것이다. 그런 농사를 태풍이나 장마로 망치는 것도 속상한 일이거늘 다 지어 놓고도 수입농산물에 밀리는 건 안 될 말이다. 전자제품 등의 수출을 위해 그 나라의 농산물을 수입하는 거지만 그로 인한 문제는 사회적 병폐로 남을 수밖에 없다. 뿌리 없이 피운 꽃과 열매가 얼마나 갈지는 실업난 등의 문제만으로도 충분히 입증된다.

뿐이랴. 경치가 좋은 곳에는 골프장이 들어서고 잔디밭을 조성한다는 구실로 소독을 하는 등의 피해가 적지 않았다. 쓰레기 매립장 등은 거의 농촌 마을로 결정되었다. '농자천하지대본'

을 내세우는 건 아니다. 미흡한 농업정책은 어쩔 수 없다 쳐도 환경적으로 받는 압박은 부당한 일이다. 도시에 편중되는 문화적 혜택이 못마땅한 게 아니라, 귀찮고 따분한 걸 농촌으로 밀어붙이면 불평만 가중될 테니 문제다.

그나마 최근 도시인들의 귀농현상이 늘었다는 보도가 나오고 있어서 걱정은 덜었다. 귀농이라면 늘그막에 전원생활을 하기 위해 시골로 들어가는 것으로 알기 쉬운데, 정식으로 농사를 짓기 위해서라는 바람에 관심이 갔다. 대책 없이 귀농을 했다가 실패하는 사례를 대비한 귀농성공학교라는 것도 생겼다. 전원생활의 연장으로 알고 시작하면 실패할 확률이 높고, 결국 그에 대한 지식을 습득하면서 농사꾼의 자질을 키우는 것이다.

그중에서도 30대 후반의 젊은층이 속속 귀향하는 추세라니, 모처럼 유쾌한 소식을 들었다. 엊그제 먹은 설렁탕 생각이 났다. 한여름 더위에 지칠 때마다 두어 차례 먹곤 하는데, 지금의 동대문 밖 선농단에서 농사를 권장하는 행사를 치르고 난 뒤 먹은 음식이다. 해마다 봄이 되면 그해 농사가 잘되기를 바라는 의미에서 왕은 친히 동대문 밖 선농단까지 나갔다.

왕의 주재 하에 직접 제사를 지내기 때문에 백성들은 구름같이 몰려들었다. 궁궐에서만 사는 왕을 먼발치서나마 볼 수 있고, 다들 풍년을 기원하는 마음이 간절했던 것이다. 양지머리와 사골을 깨끗한 물에 담가 핏물을 우려낸 후 따로 삶는다. 애벌 끓인 국물은 버리고 깨끗한 물을 넉넉히 담아 다시 약한 불에 우려낸다. 다 삶아지면 양지머리는 건져 찢거나 칼로 저며 담은 뒤 사골국물을 부어 먹는 것으로 농사와 관련이 깊다.

흉년이 든 다음 해는 훨씬 더 많았다. 그곳에 가면 국물을 얻어먹을 수 있었기 때문이다. 결국 선농단의 국물에는 은혜와 감사, 또는 마음 속 깊은 기원이나 따뜻한 사랑이 담겨 있었다고 할 것이다. 일국의 왕까지 힘써 독려하고 뒷받침해온 농사였는데 지금은 뜻하지 않은 이농현상으로 많은 문제가 속출하고 있다. 농사를 짓지 않는 휴경지는 점점 늘어나고 어린 아기들의 울음소리를 듣기가 어려워지면서 문을 닫는 학교도 증가했다.

그런 터에 증가된 귀농현상은 분명 활력소다. 뭐랄까, 우리 사회가 뒤늦게 이농현상의 문제점을 파악하고 관련 대비책을 모색하는 것 같아 흔쾌한 마음이다. 농촌이 뿌리라면 도시는 농촌에서 뻗어나간 잎과 줄기다. 뿌리가 튼튼해야 무성한 잎과 탐스러운 열매를 기대할 수 있다. 결국 농촌은 뿌리에 해당될 텐데 현실은 그렇지 않았다. 농촌이 잘 보존되어야 쾌적한 전원생활이 보장된다면 세심하게 검토되어야 할 문제다.

도회지에 산다고 농촌을 무시하는 건 뿌리 없이 맺은 꽃과 열매가 시들 것도 모르고 젠체하는 격이다. 이제부터 시작이고 현실화되기 위해서는 어려움도 많을 테지만 서서히 정착하다 보면 안정될 줄 안다. 1980년대부터 번진 이농현상이 30년 만에 귀농현상으로 바뀐 것만 봐도 어떤 게 시급한 관건인지는 명백히 드러난다.

다시금 들판을 바라본다. 해마다 가을의 이벤트인 금빛벌판은 우리들 주식인 쌀의 생산지 이전에 엄숙한 가르침의 현장이기도 했다. 이 세상 동서고금을 막론하고 가장 아름다운 메시지는 겸손의 미덕 아니었을까. 농사, 그중에서도 벼농사와는 거리가 먼 사람이지만 해마다 가을들판에서 새기는 벼는 익을수록 고개를 숙인다는 교훈이 오늘따라 소중하다. 벼이삭도 익으면 숙일 줄 안다는 메시지를 새기는 것이다.

별밤의 추억

 하늘에 별이 떴다. 한 치 앞도 보이지 않을 밤하늘에 별이 총총 박혔다. 그리고는 저희들끼리 눈을 맞추는 듯 반짝인다. 모처럼 장대비가 쏟아지고 하늘이 맑아지면서 별들의 향연이 펼쳐진 것이다.
 문득 저 멀리 북두칠성이 보인다. 북쪽 하늘에 일곱 개의 별이 국자 모양을 이루고 있는 별자리라 육안으로도 쉽게 찾을 수 있다. 더 세부적으로 말하면 큰곰자리의 꼬리 부분에 해당되는데 거기 깃든 전설 또한 친근하다.
 옛날 어느 시골마을에 홀어머니와 일곱 형제가 살았다. 형제들은 홀어머니를 정성껏 봉양했다. 추운 겨울에도 어머니께서 춥지 않게 밤이면 따뜻하게 불을 지펴드렸다. 그런데도 어머니는 늘상 추워 보였다. 아들들의 걱정은 이만저만이 아니었다.

하루는 큰아들이 밤중에 어머니 뒤를 밟았다. 밤중에 집을 나선 어머니는 마을 어귀의 냇물을 건너 이웃 마을 홀아비네 집에 가고 있었다. 아무도 모르게 집에 들어간 어머니는 홀아비와 함께 밤새 얘기도 하면서 놀다가 새벽녘에야 돌아왔다.

문제는 냇물이었다. 한겨울은 아니지만 돌다리가 없으니 발을 적시고 옷이 젖으면서 집에만 오면 추워했던 것이다. 사정을 알게 된 큰아들은 동생들과 함께 어쩌면 좋을지 상의를 했다. 자초지종을 들은 아우들은 어머니를 위한 다리를 하나 만들자고 입을 모았다.

그 뒤 일곱 형제가 만든 다리 덕분에 어머니는 겨울에도 춥지 않게 냇물을 건널 수 있었다. 아들들의 효심에 감동한 어머니는 일곱 아이들을 별이 되게 해달라고 빌었다. 얼마 후 어머니는 세상을 떠나고 일곱 아들들 역시 세상을 떠나면서 북두칠성으로 다시 태어난 것이다.

북두칠성은 무척 밝은 별이다. 밤길을 갈 때도 그 별은 유난히 잘 띄었다. 그중 한 별만 흐릿한데 다리를 만들 때 투덜거린 막내아들로 자신의 행동이 부끄러워하는 것이란다.

또 다른 전설에 의하면, 옛날 천계(天界)에는 '칠성도령'이, 지계(地界)에는 '매화낭자'가 살았다. 두 사람은 결혼했지만, 10년이 넘도록 아이가 생기지 않았다. 부부는 백두산 정상까지 올라가 100일간 간절히 기도를 올렸다. 어느 날, 부부의 꿈에 하얀 백발노인이 나타나 소원을 물었고 두 사람은 당연히 아이를 점지해 달라고 했다.

노인은 큰 지팡이로 밤하늘의 별을 7개 따서 부인의 치마폭에 던졌다. 그 순간 잠에서 깬 부부는 태몽일 거라며 좋아했다. 얼마 후 10달이 차서 아기를 낳으니 7명의 쌍둥이 형제였다. 칠성선비는 7명의 아이들을 키울 걱정에 혼자 천계로 가 버리고 매화부인은 남편의 도포자락을 잡다 그만 옷이 찢어졌다. 부인은 도포자락을 간직했다가 남편을 찾는 데 쓸 요량으로 궤짝 안에 잘 넣어두었다.

이후 부인은 7명의 아들을 정성껏 키웠다. 아들들이 15살이 되자 부인은 남편의 도포자락을 7조각으로 나누어 주면서 아버지를 찾아가라고 당부했다. 천계로 간 7명의 소년들은 끝에 칠성선비를 찾아가 도포자락을 보여주면서 자초지종을 고했다. 칠성선비가 자기 도포를 가지고 와 맞춰 보니 딱 맞았다. 그들은 기쁨의 상봉을 했으나 칠성선비는 이미 '용예낭자'를 후처로 맞이한 뒤였다.

성품이 고약한 용예낭자는 칠성선비가 일곱 아들을 찾은 것에 앙심을 품었다. 끝내는 병이 났다고 꾀를 부린 뒤 의원을 매수해서 일곱 소년들의 간이 특효약이라며 거짓을 고했다. 어느 날 일곱 아들은 아버지 칠성선비가 그 때문에 걱정하는 것을 보았다. 형제들은 의논 끝에 너럭바위로 오라고 부탁한 뒤 목숨을 끊으려 했다. 그 순간 멧돼지가 나타나 자신의 배를 갈라 간들을 너럭바위에 올려놓은 채 대신 갖다 드리라고 하면서 사라졌다.

칠성선비는 간을 들고 집으로 왔으나 용예낭자는 거짓 먹는 척하며 아무렇게나 던져두었다. 그러자 곧 사나운 짐승들로 변했다. 소년들이 오면 물어뜯게 할 심산이었으나 내막을 들은 소년들은 칠성선비에게 용예낭자의 간악한 행동을 털어놓았다. 용예낭자가 위험을 느끼고 달아나려고 하자, 간 조각들은 짐승으로 변하고 놀란 낭자는 두더지가 되어 땅으로 숨어버렸다.

이어서 칠성선비는 아들들에게 어머니를 데려오라고 했으나 어쩐 일인지 집은 폐허가 되었다. 사람들의 말에 의하면 아들들을 보낸 뒤 도적의 습격을 받아서 죽음을 당한 뒤 연못에 버려졌다는 것이다.

소년들이 연못가에서 부르니 연못물이 순식간에 말라 어머니의 시신이 드러났다. 그들은 서천의 꽃감관에게서 다섯 송이의 환생꽃을 받아 살린 뒤 천계로 가서 아버지 칠성선비와 다시 만났다. 이후 7명의 소년들이 세상을 떠날 무렵, 천신들은 칠성선비는 천일성, 매화부인은 태일성 그리고 일곱 형제는 북두칠성이 되었다고 한다.

　다시금 하늘을 보니 북두칠성이 유난히 밝다. 도교, 밀교, 유교, 점성술에서 매우 중요시하는데, 도교에서는 자미대제라고 불렀다. 삼국유사에 의하면 김유신도 몸에 북두칠성 모양의 반점이 있었으며 조선 조 초기 한명회는 등과 배에 북두칠성 모양의 반점이 있었다고 한다.

　안중근 의사도 가슴에 북두칠성 모양의 반점이 있어 어린 시절 이름부터 북두칠성의 정기에 응해 태어났다는 의미인 '안응칠(安應七)'이다. 뭔가 비범한 인물을 상징하는 요소로 쓰인 별이 하필 국자 모양이었다. 우연은 아닌 성싶다.

　러시아 전설에서도 국자로 나와 있다. 초여름 가을에 가뭄이 들어 다 죽게 생겼을 때 어떤 아이가 신령님께 엄마가 물을 마시게 해달라고 빌었다. 그때 아이가 들고 있는 국자가 은국자로 변하고 물이 가득 찼다. 아이는 이 사실을 엄마에게 알리고 엄마에게 먼저 물을 먹이려고 하자 엄마는 아이에게 물을 먼저 먹이려 들었다. 이렇게 실랑이를 하는 도중 은국자가 금국자로 변하면서 안에 다이아몬드가 생기고 물이 더 많이 흘러나왔다.

　둘은 신께 감사하며 물을 마신 다음 다른 사람들에게도 물을 나눠주었다. 이때 단비가 내리기 시작하더니 국자 속에서 반짝이던 다이아몬드가 하늘로 승천해 아이가 가지고 있던 국자와 비슷한 모양의 별이 되었다는 이야기가 전해진다. 북아메리카 원주민도 국자로 보았다. 워낙 잘 보이는 별들이 모여서 만들어진 별자리다 보니 웬만한 북반구 문화엔 이 별자리에 관한 이야기가 다 있는 편이다.

별밤의 추억이 아련해진다. 참 곱고 아름다운데 지금은 보기가 힘들다. 내가 사는 곳은 시골이라 그나마도 괜찮지만 어쩌다 서울 딸네 집에 가 보면 거의 뜨지 않는다. 힘들어도 하늘을 보면 용기가 나는 것은 별 때문이다. 그런데 별이 없으니 하늘을 본들 무의미할 때가 많지만 어릴 적 시냇물처럼 흘러가던 은하수를 생각하면 행복하다. 모래알을 뿌려놓은 것처럼 오밀조밀 모여서 반짝이던 별밤의 신화를 생각하면서 또 다른 추억을 만들어가는 셈이다.

뿌리와 굴지성

 밭둑을 따라 가니 온통 해바라기다. 초록색 잎과 샛노란 꽃이 여름 볕에 무척 강렬하다. 여름 하면 으레 떠오르는 꽃이다. 그런데 알고 보니 언제나 해를 향해 있는 것은 아니라고 했다. 늘 바라보기 때문에 그런 이름이 된 줄 알았는데 의외다. 싹이 터서 꽃이 피기 전까지 해를 따라 움직이는 건 사실이나 잎이 나오기 시작하면서 줄기의 움직임은 점점 줄어든다.
 해바라기 자체가 해를 따라가면서 크는 까닭에 붙은 이름이었다. 한여름 밭둑이나 길가에 초록 잎과 샛노란 꽃으로 눈길을 끌곤 했었지. 굴광성은 해바라기뿐 아닌 모든 식물에서도 나타난다. 빛을 향해 굽어 자랄 때마다 더 많은 빛을 흡수하게 되고 광합성에 필요한 빛을 확보하면서 하늘로 뻗어 올라간다.
 물망초가 파랗게 살아났다. 며칠 전 꽃밭을 손질하다가 뿌리를 건드렸다. 흙을 덮어 다독다독해 두었다. 하지만 금방 시드는 통에 걱정스러웠는데 오늘 그렇게 뿌리를 박았다. 굴지성 때문에 살아난 걸까. 새싹이 자랄 때 줄기는 광합성 때문에 위로, 뿌리는 양분 흡수를 위해 밑으로 자라는 생존 반응이다. 들뜬 뿌리가 위로 뻗으려 했다면 필연 죽었다.

물망초뿐만 아니라 모든 식물에 나타나는 반응인데 특히 빛에 대해 굽어 자라는 성질은 '굴광성'이다. 이른 봄, 겨우내 들여놓았던 화초를 내놓을 때도 잎사귀는 모두 한쪽으로 쏠렸다. 컴컴한 보일러실에서도 창문 쪽으로 고개를 돌렸을 테지.

뿌리에 반응하는 굴지성과는 달리 굴광성은 빛에 반응한다. 뿌리가 들떠도 굴지성 때문에 살아나듯 겨울에도 알량한 볕이나마 쬐려는 어기찬 생활력이다. 한겨울 어둑한 골방에서도 알량한 볕이나마 쬐려고 한 쪽으로 쏠린 채 자라는 힘이 식물을 키웠다.

모든 식물은 빛 쪽으로 향했을 때 더 많은 빛을 흡수하게 된다. 광합성을 할 수 있는 빛을 확보하고 더 많은 양분을 축적하면서 하늘 높이 자란다. 그렇게 자라도록 뒷받침해 주는 뿌리는 또 빛의 반대 방향으로 뻗어나간다. 무슨 뜻일까.

이를테면 줄기와 잎이 빛을 향해서 자라는 것은 양성 굴광성이라 하고 뿌리는 되레 그 반대 방향으로 자라는 것은 음성 굴광성이다. 잎도 줄기도 모두 볕을 향해 자라는데 뿌리까지 합세를 하면 어찌 될는지 모르겠다.

뭔가 우주의 섭리와 맞물릴 것 같다. 잎과 줄기가 무성히 자라도록 즉 최대한 볕을 받아 잘 크게 하자니 뿌리는 오히려 빛의 반대방향으로 뻗어 가면서 조화를 이룬다. 무성한 잎에 뿌리까지 볕을 받아 실하게 뻗으면 균형이 깨질 테니까.

해바라기도 한창 자랄 때는 얼마나 왕성했을지 모르겠다. 이글이글 땡볕에 이따금 쏟아지는 비를 맞으며 눈에 띄게 자랐을지언정 계속 이어지면 오히려 기형으로 자랄 수 있다. 볕을 받아 쑥쑥 크는 것도 좋지만 좀 더 오래 튼튼히 뿌리박기 위해서라도 땅 속의 뿌리는 응달을 향해 뻗어가면서 내실을 기한다.

줄기와 잎은 우긋해야 되지만 뿌리는 굵고 튼실하게 뻗어나가야 식물을 지탱한다. 볕을 받아 소담하게 자라는 줄기와 꽃도 대견하다. 뿌리는 또 그렇게 멀리까지 뻗어가면서 튼실하게 자라도록 지탱해 준다.

식물이 자랄 수 있는 것은 뿌리 때문이다. 잘못해서 들뜰 경우 밑으로 향하는 반응을 보이면서 요행 살아난다. 게다가 땅 속으로 파고든 뒤에도 조심이나 하듯 볕을 피해 더더욱 응달로 파고들면서 빨리 소생할 수 있게 한다.

우리도 좋은 일은 볕을 받아 쑥쑥 크는 잎줄기로 볼 수 있겠다. 반면 잎줄기에 해당될 기쁨과 즐거움을 온전히 누리려면 불행과 시련 등의 뿌리도 다질 필요가 있다. 캄캄한 땅속에서도 볕의 반대방향으로 뻗어나간다. 볕을 보기보다 오히려 반대로 뻗어가면서 내실을 채우듯 우리 삶 저변의 운명 또한 수많은 어려움이 겹치면서 그 영역을 넓힌다. 특유의 굴지성도 모자라 땅속에서도 볕을 피해 훨씬 굽어 자라는 뿌리의 속내처럼.

삐친 고양이

　고양이가 집을 나갔다. 며칠 동안 마음이 심란했다. 든 자리는 몰라도 난 자리는 안다. 집에 들어설 때마다 어쩐지 휑한 느낌이었다. 뭔지 모르게 빈 집 같고 아늑한 느낌이 없다. 뭐 가족도 아니고 한낱 고양이가 사라진 것인데도 그랬다.
　녀석이 우리 집에 온 것은 2년 전이었다. 어느 날 외출했다가 돌아와 보니 대문에 낯선 고양이 한 마리가 앉아 있었다. 지저분한 털과 까칠한 행색이 오랫동안 떠돌이로 산 듯 꾀죄죄해 보였다.
　불쌍한 마음에 우선 집안으로 들였다. 그릇에 밥을 챙겨 주었다. 배가 고팠는지 허겁지겁 먹어치운다. 금방 저녁이 되었다. 말 못하는 동물이라도 밖에서 재울 수는 없다. 연장을 넣어두는 헛간에 재우기로 했다. 구석에 있던 박스를 펴서 바닥에 깔아주었다. 피곤했는지 금방 곯아떨어진다.

　다음 날 새벽 야옹대는 소리에 잠이 깨었다. 부스스 일어나 헛간문을 열었다. 기척을 듣고는 민망하다는 뜻인지 구석으로 가서 쪼그려 앉는다. 손을 내밀어 주었다. 살금살금 다가오기에 데리고 나와서 어제 남은 밥을 담아 주었다. 맛있다는 듯이 예의 또 싹싹 핥아 먹는다.

　이 후로 고양이는 우리 식구가 되었다. 아침이면 현관 앞에 와서 야옹 야옹 하면서 기척을 낸다. 말할 것도 없이 밥을 달라는 뜻이리라. 어느 날은 새벽부터 시끄럽다. 미처 잠을 깨기도 전인데 나는 또 졸린 눈을 비벼 가면서도 먹을 것을 챙겨 나간다. 내가 이렇게 동물을 사랑하는 사람이었나 싶을 정도로 그랬다.

　고양이와의 동거 아닌 동거는 그렇게 시작되었다. 아침을 먹고 텃밭에만 나가도 쫄래쫄래 따라 나선다. 풀을 뽑고 있노라면 밭둑에 앉아서 물끄러미 바라본다. 말은 없어도 정다운 표정이 느껴진다.

　이따금 산책을 나갈 때도 저만치 간격을 두고 따라 나온다. 들어가라고 손짓을 해도 막무가내다. 잠깐 보이지 않는다 싶으면 어느새 앞질러서는 뒤돌아보기도 한다. 저를 먹이고 재워주는 것에 대한 고마움을 아는 것 같다.

산책을 할 때마다 그런 상상을 한다. 여기서 만약 내가 탈이라도 생기면 집으로 달려가 남편을 잡아끌면서 데려오지 않을까 싶었던 거다. 혹은 내가 산책을 하고 남편은 집에 있을 때 뭔 일이 생기면 반대로 내게 달려 와 뭔가 낌새를 귀띔해 주지 않을까 싶다.

그런데 고양이가 가출을 했다. 고양이를 볼 때마다 그 얘기가 떠올랐다. 인간과 동물의 애틋한 정을 생각하곤 했는데 가슴이 철렁했다. 화단을 치우는 중이었다. 무심코 보니 녀석이 하필 자동차 지붕에 올라가 있지 않은가. 흠집이라도 낼까 싶어 나도 모르게 내려오라고 소리를 질렀다. 동시에 고양이가 놀란 듯 펄쩍 내려왔다.

딴에도 꾸중들을 짓을 한 것처럼 쭈뼛거린다. 안쓰러운 마음에 머리를 쓰다듬어주었다. 저녁밥도 다른 때와 달리 더 많이 챙겨주었다. 소리를 질러놓고는 내가 더 전전긍긍했다. 밤에도 잘 자고 있는지 헛간을 들여다보았다. 아침에는 맛난 간식이라도 줘야지 하고는 자고 일어났더니 그리 집을 나가 버린 것이다.

이웃으로 뒷산으로 찾아다녔으나 보았다는 사람이 없다. 짐작컨대 밤중에 몰래 나간 듯하다. 야단을 친 게 마음에 걸려서 잘 있는지 헛간을 들여다 본 것도 한밤중이었다. 새벽에 일어났는데 간 곳이 없으니 누구 하나 본 사람이 없는 것도 당연했다.

그렇게까지 야단을 칠 게 아니었는데 후회가 막심하다. 착하다고 머리를 쓰다듬어주기는 했으나 자동차 지붕에서 내려올 때 이미 상처를 받았다. 저녁을 먹고 잠을 자면서 갈등이 많았을 것이다. 마음을 주고 믿고 따랐던 주인에게 꾸중을 들었으니 딴에는 살 의욕을 잃었을까.

특별히 남편을 더 따랐다. 어쩌다 외출할 때는 대문 밖까지 쫓아나가서 배웅을 한다. 자동차를 타고 가니까 망정이지 걸어서 가기라도 하면 주차해둔 곳을 지나 동구 밖까지도 갔을 것이다.

외출에서 돌아오면 반갑다고 주위를 뱅뱅 돌며 반가워했던 모습이 자꾸만 어른거린다. 아무런 생각 없이 올라갔을 텐데 순간적으로 욱하는 마음에 그랬으니 내가 봐도 너무 했다. 밤새 얼마나 고민하고 갈등했을지 생각하니 괜히 불쌍하다. 앞으로 어린 것이 또 곳곳을 방황하면서 헐벗을 테니 어쩌랴.

우리 집에 들어오기 전부터 이미 들고양이 신세였지 않은가. 하기야 고양이는 야생이다. 최근 들어 애완용으로 키우기는 해도 개와는 달리 들판이나 숲속에서 자라온 동물이다. 부모형제와 같이 살면 야생이라 해도 도란도란 살게 될 터인데 혼자서 찾아온 것을 보면 유리걸식하는 신세였다.

우리 집에 오기 전에도 여러 집을 다니면서 문전걸식을 했을 것이다. 한 번이야 먹을 것을 줄 테지만 계속해서 거두기는 만만치 않다. 이제 또 이전처럼 떠돌아다닐 테니 미안하다. 어디 인정 많은 집을 만나 편히 지낼 수도 있겠다 싶어 안심은 되면서도 사나운 동물에게 변을 당한 것은 아닌지 한편으로 걱정이다.

그리 나간 게 벌써 1년이 넘었다. 여태 오지 않는 걸 보면 잘 지내는가 싶다가도 걱정이 앞선다. 잠깐 참았더라면 이런 일은 없었을 텐데 마음이 편치 않다. 헛간을 지날 때는 물론 먹다 남은 사료만 봐도 생각이 났다. 시무룩해 있던 내게 이웃 사람이, 가끔은 2년이 지나고도 찾아온다면서 걱정하지 말란다. 그 말을 들으니 언젠가는 다시 돌아올 거라는 희망이 생겼다.

잠깐 삐치기는 했어도 그동안 공을 들인 게 있으니 미물이라도 잊지는 않았겠지. 공치사를 하기보다는 작은 은공이나마 잊지 않고 찾아주길 바라는 마음 때문이다. 혹시라도 돌아오면 '좀 더 잘해 줘야지'라고 다짐을 한다.

산나물 단상

텃밭에 취나물이 실하게 올라왔다. 한 이틀 비가 오더니 우 굿한 게 제법 탐스럽다. 한 바구니 뜯어서 깨끗이 씻었다. 울 타리 옆에 올라온 부추도 가지런히 다듬어 씻은 뒤 물기가 빠 지게 바구니에 담아놓고는 양념장을 만들었다. 아침에 재워둔 돼지고기를 익혀서 싸 먹으니 입에서 솔솔 녹는다. 취나물은 언제 보아도 반들반들하다.

오래전 고향 삼척에서 캐 와서 포기를 늘린 것들이다. 이제 그렇게 심은 것이 초여름이 되면서 두어 차례는 솎아먹을 정도 로 실하게 큰 것이다. 산에서 자란 것은 물론 아니지만 향긋한 나물 냄새가 고향을 생각나게 한다. 어릴 적 어머니와 함께 뜯 으러 다녔던 취나물이 생각났다.

어머니와 취나물을 뜯으러 간 것도 이맘때였다. 이웃어머니

친구들과 가시려고 하는 틈에 어린것이 따라 나섰다. 위험하다고 말리는데 듣지 않고 따라가면서 어머니를 불안하게 하였다. 마을에서 한참 떨어진 깊은 산을 따라나섰던 것이 지금 생각하면 꽤나 어머니 마음을 아프게 했다. 산을 내려 올 무렵에는 이웃보다 어머니의 보따리는 많이 줄었던 것에 나를 데리고 다니면서였다. 그때서야 내가 따라붙어서였음을 잠시나마 눈치를 챈 것이다.

하늘은 푸르고 바람은 싱그러운 5월 잡목으로 뒤덮인 골짜기에 들어서면 아! 알싸하게 찌르는 신록의 내음이 지금도 선하다. 그리고 파랗게 늘어선 풀밭에 늘어서 있던 취나물의 어제 일처럼 잡힐 듯하다.

맨 처음 눈에 띄는 것은 대부분 참취다. 참취는 우리가 보통 취나물이라고도 알고 있고 가장 많이 보는 식물이다. 키는 1.5m 가량 자라며 곰취에 비해 좁고 긴 잎의 형태를 가지며 8~10월 흰색의 꽃을 피운다. 봄철 취나물은 동풍채, 산백채로 불리며 어린잎을 식용으로 사용하고 두통, 현기증에 효능이 있다.

우리나라에서 자생하는 취나물은 60여 종이고, 그중 식용이 가능한 것은 참취, 곰취, 수리취, 각시취 등인데 산야에서 뜯은 그대로의 생채로 이용되는 것은 곰취와 참취다. 독특한 향기로 입맛을 살려주는 취나물은 산나물의 으뜸이라고 할 만한

데 곰취는 그중에서도 백미라고 할 산나물이다.

더구나 같은 취나물이라도 흔희 볼 수 있는 게 아니었다. 특별히 겨울잠에서 깨어 곰이 찾아먹는 나물이라 해서 이름 붙여진 곰취도 있다. 봄에는 나물로 먹고 뿌리는 약용으로 쓰이는데 가을에 뿌리줄기를 캐서 말린 것을 호로칠이라 하여 백일해, 천식, 요통, 관절통에 특효약이다. 꽃은 참취와 비슷한 시기에 노란색으로 핀다. 1~2cm까지 자라며 잎은 참취보다 넓고 둥글다.

맛도 약간 달라서 쌉싸롬한 맛과 향이 참취보다 강하다. 곰이 좋아하는 취나물이라고 해서 곰취라고 했지 않은가. 곰이 출몰하는 곳이라면 참취보다는 깊은 골짜기에 자생할 테고 특유의 짙은 향 때문에 한약재로 각광받는 식물이 되었을 것이다.

취나물, 그중에서도 곰취는 내 고향 산나물이다. 특별히 강원도 하면 산나물이 압권이다. 지금도 그렇지만 나 어릴 때는 나물꾼이 일삼아 강원도를 섭렵하는 일이 흔했다. 천고의 원시림 속에서 수십 년 묵은 낙엽 등이 부엽토가 되면서 얼마나 탐스럽게 자랐을지 상상이 간다. 가뜩이나 울창한 숲에서 산짐승이 출몰할 수도 있다. 그런데도 위험을 무릅쓰는 것은 그만치 뛰어난 영양식품이라는 뜻일 게다.

깊은 산중에 들어간 나물꾼이 지뢰를 밟고는 변을 당하는 일도 속출했다. 최근 2016년도 강원도 양구군의 한 더덕 농장 주인이 산나물을 캐다 지뢰를 밟아 왼쪽 무릎아래가 절단된 사건도 충격적이다. 사건 장소가 민간인 통제구역이라거나 지뢰매설지역임을 알 수 있는 경고표지판이 설치되지 않았다며 이듬해 2017년 국가를 상대로 소송을 제기했다.

당시 재판부는 사건 장소 근처에 철조망이 설치돼 있고 관할 군부대가 경고성 전단지를 배부한 것은 인정하지만, 지뢰매설지대인 만큼 위험성을 알리고 민간인 출입금지를 강력 제한할 의무가 있음에도 불구하고 경고표지판 등이 설치되지 않은 것은 분명한 과실이라고 밝혔다. 그러나 피해자 역시 민간인 통제선 지역인 것을 모르지는 않았을 거라면 군부대의 책임으로만 돌릴 수는 없다고 추정했다. 더구나 관할 군부대의 허가를 받아야 출입이 가능한데도 임의로 출입한 것을 감안해서 청구액의 70%만 지급한 사건이다.

어쨌든 피해자가 지뢰매설 지역인 것을 전혀 모르지는 않은 상태에서 더덕을 캐러 간 것은 부인할 수 없을 것이다. 오륙년 전이면 더덕이 재배될 즈음이다. 그렇더라도 위험을 무릅쓰고 들어가서 캐 온 산더덕처럼 맛있지는 않았을 것이다.

강원도 나물이 압권이라는 증거이다. 취나물 옆에서 앙상하게 자라는 곤드레 나물을 봐도 강원도의 맛은 따라갈 수 없다. 당연히 취나물과 함께 가져온 거다. 똑같이 캐 왔어도 취나물은 그냥저냥 자라는데 곤드레는 1년에 한 번 뜯어먹기가 힘들 정도로 지지부진했다. 그만치 까다로운 나물이라는 뜻이었다.

곰취는 직접 뜯어서 쌈으로 먹었으나 곤드레는 삶아서 우선 볕에 바짝 말린다. 그것을 불렸다가 무쳐도 괜찮고 겨울에는 또 시래기처럼 나물밥을 해 먹는다. 곤드레라고 한 것부터가 술에 취해서 휘청휘청 걷는 모습을 닮았다고 해서 나온 이름이다. 강원도 깊은 골짜기에서 길차게 자랐다. 거센 바람이 불 때마다 술에 취한 듯 곤드레만드레 흔들렸을 테니 해학적이다.

곤드레 나물에는 식물성 단백질이 풍부하다. 그런 만큼 예로부터 구황식물로 쓰였다. 또한 칼슘, 인, 철분이 많이 함유되어 있어 뼈를 튼튼하게 하고 빈혈을 예방해 준다고 알려졌다.

뒤늦게 나물 맛을 알았다. 어릴 때부터 흔하게 먹었으나 어쩌다 고향에 가서 먹을 때마다 느낌이 새롭다. 70후반의 나이가 되도록 산성화된 체질은 여기저기 아픈 곳 투성이다. 자연히 식성도 바뀌었다. 고기를 좋아했던 체질이 이제는 신선한 나물이 입에 붙는다. 그러니 알칼리성 식품으로 나물만한 게 또 없을 테고 강원도 산나물은 그중에서도 최고의 맛을 자랑한다.

깊은 골짜기에서 물소리, 새소리, 바람소리만 듣고 자란 식물이다. 단지 한갓 나물을 먹는 것이지만 싱그러운 자연을 섭취하는 것이다. 오죽하면 옛날부터 벼슬살이에 심신을 다치고 건강을 잃은 사람들이 강원도 깊은 골짜기를 찾아오겠는가. 음식으로 고치지 못하는 병이 없는 것은 특별히 청정지역에서 자란 나물을 두고 하는 말이었던 것이다.

삶의 후반에서

봄비가 추적인다.

벌써 열흘 째 봄비가 계속되고 있다. 봄비라고 하면 한 이틀 보슬보슬 속삭이지 않으면 가랑가랑 뿌리는 게 보통이다. 그런데도 며칠 째 장대비처럼 쏟아지고 있다. 어쩌다 봄장마도 있었던 것을 생각하면 별반 이상할 것도 아니다.

하기야 잘 된 일이었다. 며칠 전부터 절친한 이웃에게 아기 소나무와 화살나무 몇 그루를 뽑아서 줄 생각이었다. 봄이라서 옮겨심기도 좋을 시기다. 이참에 서두르기로 했다. 모종삽을 들고 언덕으로 향했다. 얼마쯤 가니 예의 또 마을 꼭대기에 있는 우리 집이 보였다.

크게 볼품은 없으나 그런대로 운치가 좋고 아름답다. 뒤란에는 산에서 옮겨 심은 온갖 나물이 지천으로 깔렸다. 가지가지

항아리를 모아 놓은 장독대 역시 모처럼 비를 맞아 정갈하다. 뿐이랴, 봄비 촉촉 젖는 목련꽃잎 또한 청초하기 이를 데 없다.

먼저 소나무를 캤다. 뿌리에 붙은 흙이 떨어지지 않도록 조심조심 옮겨 담은 뒤 가지가 흔들리지 않게 잘 묶었다. 이어 화살나무와 함께 그늘에 두고 시나브로 비를 맞힌 뒤 내일쯤 갖다 주기로 했다.

흩어진 주변을 정리하고 마루에 올라섰다. 저만치 부녀지간으로 보이는 노인과 젊은 여자가 보인다. 작은 종이가방에서 뭔가를 꺼내서 입에 계속 넣어준다. 떡인지 사탕인지 아마도 시골에 사는 친정아버지를 뵈러 잠깐 내려왔을 것으로서 때로 모녀지간보다 애틋한 것이 부녀지간이라는 것을 잠깐 느껴본 순간이었다.

그렇게 얼마 후 짜장 어렴풋한 노래가 들려온다. "송알송알 싸리잎에 은구슬 조롱조롱 거미줄에 옥구슬" 하는 구슬비 노래 가사가 고즈넉이 울려퍼진다. 약하기는 해도 친정아버지의 목소리인 듯 약한 저음도 묻어나온다.

아버지로 보이는 노인은 뚜렷이 병색은 없는 듯했으나 말씨며 거동이 어눌한 게 환자로 보였다. 모처럼 딸이 찾아와서 말동무를 해주는 성싶은데 왜 이리 짠한 것일까.

오늘 마침 구슬비가 내리지 않았던가. 오후가 되면서 장대비로 바뀌었지만 어릴 적 젊은 아빠와 철부지 딸이 무심코 불렀을지도 모를 동요가 오늘따라 왜 그렇게 아련해지는지 모르겠다. 세월은 잡을 수 없이 멀어졌으나 아득히 그때처럼 보슬비가 내리고 하늘을 보면 온통 구슬이 엉겨 있으니 마음까지 아련해진다.

문득 어릴 적 친구가 생각난다. 지금 저 아버지와 딸이 정다운 모습이라면 내 친구는 아버지와 말 그대로 앙숙이었다. 그 아버지는 작은부인을 두어서 외동딸인 내 친구의 마음을 많이 아프게 하였다.

아버지는 읍내에 따로 살림을 차렸다. 엄마와 함께 시골에 살고 있던 친구는 이따금 읍내 아버지에게 용돈을 타러 갔었다. 그리고 그럴 때마다 나를 데리고 갔었다. 마침 저녁 식사 중이던 친구 아버지는 들어와 밥을 먹고 가라고 하셨다. 비척비척 들어가 어색하게 밥을 먹고 친구는 용돈을 타서 둘이 함께 집으로 돌아왔었다.

오랜 세월이 흐른 지금 소식이 끊어진 친구를 생각해 본다. 그들 부녀도 지금 보는 저 오솔길의 부녀 또래쯤 되었을 테지만 관계는 오히려 서먹서먹하지 않을까 싶다. 아무리 천륜이라 해도 아버지 때문에 평생을 가슴앓이 했던 엄마를 생각하면 곱게 보일 리는 없겠지.

그때 먹은 곰치지리국도 생각난다. 지리로 끓이는 방법은 곰치가 워낙 맛있는 생선이라 특별히 들어가는 것은 없다. 주의할 것은 유달리 무른 생선이라 오래 끓이면 풀어지기 때문에 무를 썰어서 미리 익혀주어야 한다.

먼저 곰치를 깨끗이 씻어서 무와, 대파, 다진마늘 그 외에 국간장, 참치액젓 등 간단한 양념만 넣어서 무가 투명하게 익을 때까지 끓여주면 맛있게 먹을 수 있다. 생선은 보통 오래 끓여야 맛있는데 쉽게 물러버리는 특징 때문이다.

내 고향 삼척 하면 또 곰치국이 떠오를 만치 특별한 음식이다. 삼척을 대표하는 만큼 평소에도 자주 먹기는 했으나 친구랑 함께 먹은 것 때문에 더 잊지 못할 기억이다. 그 친구도 나처럼 그때 먹은 곰치지리국을 생각하고 있을까.

나로서는 솔직히 친구 때문에 더 기억이 나는 음식이다. 아버지와 엄마의 관계를 생각하면 세월과 함께 골은 더욱 깊어졌을 것이다.

지금 내가 보는 부녀지간처럼 정다운 이미지는 남아 있지 않을 테지만 이제는 그 아버지도 원수 같은 여자도 세상을 떠났을 시점이다.

한때는 눈 흘기며 살아온 날도 강물처럼 흘러가 버렸을 것이 죽일 듯이 미웠던 사람도 무한정 흐르는 세월 앞에서는 마음이 봄눈처럼 녹아 버리기도 한다. 돌이킬 수는 없다 해도 이제는 앙금이 모두 씻겨 내려가기를 구도해 본다. 때 아닌 봄장마처럼 추억이 범람하는 4월의 마지막 날 기억을 스케치한다.

3.
아버지를 그리며

희붐한 새벽 미명에

베로니카 조복순님께.

안녕하세요? 늘 그려왔던 스케치에서 온통 부끄러움으로 지새며 언니의 저서를 읽었습니다. 참으로 안타깝고 비극에 찬 듯하면서도 강렬함이 와 닿는 것은 왜일까요. 두 분께 정말 겸손과 애환을 어떻게 표현할 여력을 이렇게 편지로서 올려봅니다.

어제는 언덕에 올라서니 마을이 한눈에 보입니다. 두꺼운 코트 깃으로도 바람이 스며듭니다. 나도 모르게 깃을 여미면서 겨울의 아침을 내려다봅니다.

사위가 온통 고요합니다. 지구라는 별에서 나 혼자 넓으나 넓은 우주를 관조하는 것 같은 고독에 빠집니다. 순간, 그보다 더한 시는 없을 거라는 감상에 젖어 듭니다. 그리고 뒤미처 걷잡을 수 없는 외로움이 밀려듭니다. 나를 이 세상에 아무런 대책 없이 무방비 상태로 던져 놓은 손길은.

　마음이 문득 수수로워집니다. 넓으나 넓은 세상에 혼자 던져진 것 같은 중에도 어차피 그렇게 사는 거라고 생각했습니다. 이 세상은 나 하나 없어도 표는 나지 않지만 없어도 표가 나지 않는 수많은 그 사람들 때문에 형성되는 것을 생각한 것입니다. 순간 마음속에서 썰물처럼 빠져나가는 외로움을 봅니다. 하늘이 문득 희붐해지면서 아침이 밝아오는 중이었거든요.

　멀리 한 사람이 사립문을 열고 나오는 중입니다. 그리고는 드세드세 바깥마당을 쓸고 있습니다. 나는 산중턱에서 아침을 열고 그 사람은 뜰에서 아침을 쓸어내고 있습니다. 마을 끝자락 찬물내기 논바닥에는 갈가마귀떼가 우짖는군요. 뒤미처 뉘 집에선지 컹컹 짖어대는 삽살개 소리까지 들립니다.

　이어서 마을 공터에 난데없는 연기가 피어오릅니다. 누군가 쓰레기를 태우는 중이었을 테지요. 고요한 새벽 미명이 하늘로 흩어집니다. 칠흑 같은 밤이 흩어지고 아침의 장이 열리는 순간입니다. 잠시 후에는 그것이 효시가 되어 온 마을이 분주해지면서 하루를 시작하겠지요.

　아침을 여는 것은 소리 없는 침묵이었습니다. 노을과 함께 밝음의 종지부를 찍고 나면서부터 지금까지 밤새도록 암흑을 자아내면서 아침을 향해 치달았던 것입니다. 날마다 바뀌는 오늘과 내일도 그렇게 시간이 걸렸습니다. 세상에 우연히 이루어진 것은 없구나 라는 생각이 들었습니다.

그러나 우연히 이루어진 것이 있습니다. 첫눈에 나의 시야에 들어온 언니 부부의 모습에서 서정으로 다가온 분들에게 더없는 존경심에서 몇 자 적어 봅니다. 언니의 저서, 그것도 두꺼운 책을 밤새 읽고 감상하였습니다.

참 많이도 눈물로 지새웠을 마음을 미천한 나는 이런 일도 있구나 그저 무의미하게만 그려왔던 현실이 가까운 곳에서. 고맙습니다. 나를 다시금 일깨워주심에 다시 한 번 존경합니다. 라는 단어로서 모든 저의 마음을 담아 봅니다.

언니에게도 인생의 계절이 봄이었을 때가 있었을 겁니다. 꽃피고 새 우는 것처럼 아기자기한 어린 시절이 있었고 재깔재깔 웃어대는 철부지 시절도 있었을 겁니다. 하지만 한여름의 천둥번개는 곧 풍성한 가을을 준비하는 소리였던 것처럼 참, 예쁜 딸을 사랑으로 곱게 키운 딸을 잃은 아픔을 그 또한 풍요로운 삶을 위해 숱한 몸부림으로 살아온 것으로 치부하셨으면 합니다.

그러다보니 아름다운 꽃도 피우고 풍성한 열매도 거두게 되었을 겁니다. 가을처럼 삶의 곳간에는 나름 수확이 많을 겁니다. 이제는 노후의 초반으로 여기고 쓸쓸하고 암울한 것은 함박눈이 내리면서 푸근해지듯 할 겁니다.

내게는 겨울인데도 영산홍이 두어 송이 피었습니다. 제철 같이 소담하지는 않지만 지는 해가 아름답고 찬란한 노을을 만드는 것처럼 언니에게도 두어 송이 영산홍처럼 조촐한 행복이 깃들 것을 믿기 때문입니다.

지금 이 겨울이 봄을 맞기 위한 과정이라는 것을 언니 부부에게도 마음을 설레게 하였으면 합니다. 겨울이 추울수록 봄이 찬란한 것처럼 인생도 봄 여름 가을 겨울이 번갈아 찾아오면서 삶의 곡절이 행복으로 쌓일 것을 기원하는 마음이 모처럼 풍요로웠으면 합니다. 희붐한 새벽이 걷히면서 희망찬 하루가 시작되는 것처럼.

고맙습니다. 끝까지 저를 생각하며 읽어 주셨을 모습이 모처럼 흐벅진 하루였습니다.

문득 바람이 쌀랑합니다. 서설이 날리는 초겨울 지나 지금은 높바람에 손끝이 옥말려드는 차디찬 겨울입니다. 절기 하나 바뀌었을 뿐인데 세상이 온통 침묵으로 덮였습니다. 썰렁한 날씨에도 냇가의 물오리는 겨울 서정을 풀어냅니다. 겨울이면 봄도 멀지 않다는 듯이. 바람에 흔들리는 나무의 휘파람도 딴에는 음악처럼 들리는 철새들까지 군청색 하늘 칠판에 제각기 사연을 찍어대고 있습니다. 동토의 침묵을 깨면서까지 눈뜨는 생명이 그려집니다.

썰렁한 날씨에도 마음은 따스해집니다. 삭막한 날들이지만 무지개처럼 우리를 설레게 하는 인생의 본령 때문입니다. 겨울이면 다 죽어버린 것 같은데도 어디선가는 봄으로 치닫는 움직임이 느껴집니다. 침묵에서도 의연하게 움트는 생명을 보는 순간입니다.

12월의 세상은 온통 잿빛으로 덮였습니다. 앙상한 나무와 썰렁한 들판이 보기만 해도 살풍경입니다. 길을 다니는 사람들 역시 무표정한 얼굴입니다. 시냇물조차 노래도 부르지 않습니다. 길섶에서 저마다 꽃을 피우던 들꽃 또한 바싹 마른 채입니다.

눈이 오면 그마저도 깡그리 덮여서 겨우내 숨도 쉬지 못할 것 같지만 그 속에서도 죽지 않을 어기찬 생명입니다. 얼음장 밑에서도 냇물은 흐르기 때문입니다. 눈 속에서도 봄을 준비하는 기척이 보입니다. 봄이 되자마자 눈뜨는 복수초도 그 속에서 봄을 준비했습니다.

강력한 눈보라도 시작은 한 점 눈송이였습니다. 그 눈송이는 또 석 달 열흘 걸려 만들어진 것입니다. 지금 이 아침이 밤새 거대한 지구를 굴리면서 찬란한 태양을 들어 올린 것처럼 그랬습니다. 그리고는 수많은 날을 비단천 짜듯이 엮고 시침질하면서 사연을 수놓고 애환을 물들이겠지요.

생각하니 언니에게도 그렇게 인생을 자아올리는 사람이었습니다. 78년 전에 첫 울음으로 세상의 모퉁이를 찢고 나오면서 지금까지 쇠털같이 많은 날들을 가로세로 얽어온 것입니다. 기쁨을 넣어서 무늬를 만들었지만 노여울 때가 있었고 슬픔도 많았던 것 같습니다. 그렇다고 딱히 내세울 건 없지만 그리고 특별할 게 없는 똑같은 날들이지만 그런 것이 모이고 쌓여서 나름 인생의 탑이 조성되었습니다. 지금 이 침묵을 지키는 겨울도 봄이 되기 위한 일련의 과정이었던 것처럼.

언니의 인생 계절도 봄이었을 때가 있었습니다. 꽃 피고 새 우는 것처럼 아기자기한 어린 시절이 있었고 재깔재깔 웃어대는 철부지 시절도 있었습니다. 그러다가 녹음이 우거지듯 삶의 연륜이 쌓이는 중년의 시기를 맞으면서 열심히 살았습니다. 한여름의 천둥번개는 곧 풍성한 가을을 준비하는 소리였던 것처럼 또한 풍요로운 삶을 위해 숱한 몸부림이 있었습니다.

그러다 보니 아름다운 꽃도 피우고 풍성한 열매도 거두게 되었습니다. 가을처럼 삶의 곳간에는 나름 수확이 많았습니다. 그런 중에도 깜짝 소스라치게 놀랍고 암흑 같았던 날들에서 잘 이겨내며 평험한 여자로서 행복을 갈구하였던 모습에서 다시금 존경합니다.

언니, 다시금 인사드립니다. 올 한해 마무리 잘하시고, 새해에도 건강과 행복이 함께 하시기를 기원합니다.

연화 드림

시렁이 있는 부엌에는

어릴 적 우리 집 부엌에는 시렁이 있었다. 두 개의 긴 나무를 가로질러 물건이나 바구니를 얹어놓고 선반처럼 쓰는데, 잡다한 물건들이 많았다. 말린 대추가 있는가 하면 시래기 말린 것도 매달려 있다. 늦가을부터 마르다 보니 바스러질 것 같은데 국을 끓이거나 밥을 풀 때 김이 서리면서 적당히 축축해진다.

다래 순과 고구마 줄기 또한 시래기처럼 너무 말라도 삶을 때 물러지지 않을 텐데 부엌의 훈기 때문에 부드럽다. 봉지 봉지 든 도라지, 고사리도 알맞게 말라서 요리하기가 수월하다. 재래식 부엌의 눅눅한 공기도 장마철 제습기나 넣어둔 것처럼 뽀송뽀송해졌다.

특별히 오남매의 먹이 사냥감이 잔뜩 얹혀 있었다. 우리가 눈독을 들인 것은 명절이나 제사에 쓰려고 간수해둔 곶감이다.

하루는 동생들과 화롯불에 오징어를 구워 먹었다. 그래도 입이 심심했다. 고구마도 감자도 허구한 날 먹어서 물렸다. 다른 군 것질이 없을까 동생들과 머리를 맞대고 갸웃갸웃 의논 중인데 어머니께서 이웃에 마실 가는 기척이 들렸다.

이때다 싶어 동생들과 시렁이 있는 부엌으로 갔다. 사다리를 놓고 보니 시렁 구석에 꼬챙이에 꿰여진 곶감 몇 줄이 보였다. "옳다꾸나 이것이야"라고 두 줄 꺼내왔다. 그릇에 담고 할 것도 없이 그냥 먹었다. 꼬치에 든 곶감 빼 먹듯이 먹는데 입에서 슬슬 녹는다. 훔친 고기가 맛있다고 한다. 하물며 호랑이도 사족을 못 쓰는 곶감이다.

두 줄이면 스무 개다. 아무리 그래도 네 명의 동생들과 나눠 먹기는 감질나지만 달고 보드레한 맛을 생각하면 그만해도 충분했다. 다 먹고는 살짝 걱정스러웠다. 감쪽같이 해치웠다 여기면서 시치미를 떼고 있었으나 나도 모르게 좌불안석이었다. 들키기만 하면 경을 칠 것은 불 보듯 빤한 일이었다.

제사는 물론 명절도 아니기 때문에 당분간 들킬 일은 없다. 가령 일주일 후에 제사라면 어쩐지 불안하다. 다행히 날짜가 멀어서 저지른 일인데 단속이 허술했다. 결국 사흘도 되지 않아서 탄로가 났다.

곶감서리 하던 날 어머니가 금방이라도 들이닥칠 것처럼 조마조마한 마음에 곶감 광주리를 제대로 막아 두질 않았나 보다. 뭔가를 찾으시던 어머님이 허룩해진 곶감꼬치를 발견하셨던 거다. 단속이 철통같았어도 언젠가는 들킨다. 매도 먼저 맞는 편이 낫다고 생각했다.

그리고 어머니는 또 인자한 분이셨다. 불호령이 떨어질 것을 각오하면서도 큰누나로서 소임을 한 거라고 하면 누그러지실 분인 것은 내가 잘 안다. 혼자 먹은 게 아니고 동생들과 나누어 먹었다는데 나 같아도 할 말은 없을 거라고 믿었다. 동생들 또한 그런 나를 의지하면서 모종의 사건을 꾸밀 때마다 합세를 해 온 것도 주지의 사실이었으니까. 아무리 그래도 제사에 쓸 것은 조심하라고 덧붙이셨을 뿐 더는 말씀이 없으셨던 어머니가 추억 속에 오롯이 계셨다.

곶감 사건 외에도 그런 일은 흔했다. 어느 때는 강정이 있고 약과도 숨겨놓았다. 곶감은 10개씩 숫자가 정해져 있기 때문에 금방 표가 난다. 그래서 서리는 엄두를 내지 못했으나 어머니가 꼬치에 꿰어 말릴 때 먹어본 곶감이 워낙 맛있었다. 그 바람에 저지른 일이었으나 강정이니 약과는 무더기로 쌓여있어서 몰래 꺼내 먹기가 수월했던 것이다.

군것질이 흔치 않던 시절이다. 나 혼자 먹자고 그랬다면 꾸중을 들을 법했으나 동생들을 위한 일이었다. 시렁만 야트막해도 작업은 훨씬 수월하다. 손을 탈까 봐서가 아닌 먼지가 앉고 더러워질 것 때문이지만 어린 마음에 높은 시렁이 참 야속했다.

곶감 서리가 들킨 날도 사다리를 찾고 작업이 끝난 뒤 제 자리에 두려고 허둥지둥하면서 사달이 난 것이다. 열 개씩 꿰어 두는 것도 불리했다. 밤이 둔 자루에서는 꺼내먹기 좋았다. 허룩해지기야 하겠지만 곶감처럼 숫자로 나타나지는 않는다. 유달리 맛있어서 헤아려 꿰는지도 모르겠다. 달걀 꾸러미처럼.

말은 또 동생들 때문이라고 했지만 명분이 필요했다. 내가 먹고 싶은 마음과 동생들 생각하는 마음 반반이었다. 한두 개쯤 더 먹지 않았다면 거짓말일 테지만 최대한 공평하게 나누려고 했었다. 철부지 동생들이 맛있게 먹는 것을 보면 맏이로서 흐뭇한 것도 숨길 수 없는 감정이었다. 부모님께는 말썽꾸러기로 찍힐지언정 동생들이 믿고 의지할 수 있는 맏언니, 맏누나 역할을 자처했던 거다. 나 아니면 누구도 그렇게 나서지 못할 거라면서.

그 역할은 지금도 여전하다. 가끔 형제들 안부가 걱정되면서 전화라도 걸어야 마음이 편하다. 텃밭농사지만 여름이면 감자를 캐서 부쳐주고 가을이면 무, 배추를 심어서 나눠 주었다. 이웃에 수소문해서 과일 등을 사서 보내주기도 했다. 대단치는 않아도 그렇게나마 챙겨 주고 나면 든든한 누나가 된 듯 흐벅지다. 시렁에서 곶감이니 약과를 꺼내서 나누어 주던 그때처럼.

가끔 무용담 아닌 무용담을 돌이켜 본다. 들킬까봐 전전긍긍했던 것과는 달리 마음 놓고 줄 수 있는데도 그때가 그립다. 인자한 어머니라도 야단을 칠 수밖에 없는 상황이 얼마나 많았던가. 절도행각을 멈추면 간단한데 나름 동생들 때문이라면서 감행했던 용기가 선하다. 그로써 동생들을 챙겨야 되는 의무를 다 한 것처럼 지금까지도 노릇하는 게 나름 행복하다.

그때 그 부엌은 사라진 지 오래고 기억조차 가물가물하다. 그런데도 어릴 적 그때처럼 용감무쌍한 맏이로 남고 싶은 것은 왜일까. 동생들이 철부지 때와는 달리 제 앞가림을 잘하고는 있다. 나이가 몇인데 나보다 더 넉넉하게 살림을 꾸려가는 동생도 있지만 속마음으로는 누나가 어릴 때처럼 맛있는 먹거리를 채워주기를 바랄 거라고 추측하면서 말이다.

싸리꽃 연정

싸리꽃이 피었다.

자줏빛 진한 꽃이 볼수록 예쁘다. 이른 아침 동이 트기도 전에 붉게 붉게 피어난 꽃이 새벽의 요정이나 되는 것처럼 눈길을 끈다. 줄기를 보면 가느다란 싸리나무 회초리가 떠오를 만큼 앙상한데 꽃은 어찌나 탐스러운지 한참을 바라보았다.

지난해 산에서 한 뿌리 캐온 싸리나무가 그렇게 꽃을 피운 것이다. 그날도 새벽에 산보를 가는 중이었다. 바야흐로 꽃 피고 새 우는 봄이다. 싱그러운 바람과 꽃내음 떠도는 고개중턱에서 싸리나무를 보았다. 보랏빛도 같고 자주색도 같은 꽃을 보고는 잠시 걸음을 멈추었다. 신비감에 이끌려 한 모습 캐서는 서실 방 창가에 심어둔 것이다.

이따금 창가에서 물끄러미 바라볼 때가 있다. 꽃이라고 해

봤자 탐스러울 것도 없다. 빛깔만 또렷할 뿐 미미한 꽃이지만 어릴 때부터 자잘한 꽃이 좋았다. 자그마한 꽃들이 조발조발 핀 게 볼품은 없으나 멀리서 보면 꽃노을을 보는 것처럼 어렴풋한 느낌이었다. 하나하나 볼 때 탐스럽고 예쁜 꽃보다는 다닥다닥 붙어서 필 때가 좋은 것이다. 이를테면 산등성이며 언덕에서 흔히 보는 서민적인 나무였으나 그래서 더 마음이 끌린다.

싸릿가지는 잘 구부러지고 질겨서 광주리나 채반을 만들기도 한다. 뿐이랴. 어릴 적 살던 집에는 싸리나무 울타리가 있었다. 울타리라고 해 봐야 타넘어도 될 만치 야트막하지만 싸릿대로 비를 만들어서 싸리나무 울타리 안을 쓸어내는 모습은 상상만 해도 정감이 간다. 어린 마음에 그저 무심히 지나쳐온 풍경이지만 창가에 앉아서 보랏빛 꽃 무더기를 바라보고 있자니 나 자신 한 폭의 동양화 속 주인공이 된 것처럼 묘하다.

아침에는 싸리버섯 전골을 해먹었다. 먼저 쇠고기로 육수를 냈다. 그리고는 독성이 강해서 반나절 이상을 담가둔 싸리버섯을 잘게 찢어서 넣고 갖은 양념에 끓였다. 얼마 후 향긋한 버섯 내음이 집안에 가득 퍼진다.

어디서나 흔히 볼 수 있는 서민적인 나무라서 그런지 느낌이 짠하다. 자잘한 생활용품에 만들어 쓰는 것 외에 버섯까지 먹을 수 있는 나무다. 애틋한 사연을 또 하나 풀어보았다. 경기도 양주 지역에서 싸리나무에 절한 이야기를 생각한 것이다.

옛날 어떤 사람이 고을 원님이 되어 부임지로 가는 길에 싸리나무를 발견하고는 가마에서 내려 싸리나무에 대고 계속 절을 하였다. 의아하게 지켜보던 사람들이 까닭을 물었다. 그러자, 자신이 고을 원으로 부임하게 된 것은 스승의 은덕 덕분이기도 하지만 싸리나무 매로 맞은 덕분이라고 덧붙였다. 싸리나무 덕에 열심히 공부하여 고을 원님이 되었으니 고마워서 자꾸 절을 한다는 뜻이었다.

1992년 양주문화원에서 출간한 『양주군지』에 수록된 것으로 '싸리나무 매의 은공'을 여실히 볼 수 있는 모티프라 할 것이다. 서당에서 공부하던 코흘리개가 고을 원님이 될 수 있었던 것은 잘 가르쳐준 스승 때문이기도 하지만 적절히 단련된 매의 덕 또한 무시할 수 없다. 힘들고 어려운 때를 잊지 않고 새겨두려는 마음가짐이야말로 훌륭한 고을 원이 되는 인격의 밑바탕이었다.

출세 가도를 달린다고 하여 어려웠던 시절을 잊고서는 훌륭한 원님이 될 수 없다. 백성의 어려움을 헤아리는 목민관의 자질 역시 갖출 수 있는 게 아니다. 나 어릴 적에도 말을 듣지 않는 자식들을 싸리나무 회초리로 다스리는 부모님이 많았다. 광주리를 비롯한 울타리와 싸리비 등 생활용품으로 많이 썼던 기억은 희미해진 지 오래다. 바르고 착한 사람이 되도록 키우려는 스승과 부모님의 사랑이 깃든 싸리나무 회초리가 더 여실히 생각나는 것이다.

가끔 전해져 오는 이야기 '싸리나무 매의 은공'을 되새기곤 한다. 나이를 생각하면 부끄러울 정도로 철부지 어른이고 한 고을의 원이 될 만한 덕성 또한 갖추지 못했다. 어느새 손자까지 둔 어른이지만 창가의 싸리나무를 볼 때마다 잠재된 교훈을 새기면서 남은 인생의 초석으로 삼는 것이다. 싸리꽃처럼, 소박하면서도 은은하게 빛나는 향기로운 삶을 위해서.

아버지를 그리며

봄비가 추적거린다.

이른 점심을 먹은 뒤 몇 그루의 영산홍과 목백일홍 나무를 솎아냈다. 저절로 난 것인데도 워낙 빽빽하게 자라서 이웃사람들에게 나눠줄 요량이다. 그렇더라도 봄비를 무릅쓰고 뽑아낼 게 뭐 있을까마는 이런 날 줘야 심는 사람도 수월하고 나중에 뿌리내리기도 수월하다.

뒤뜰의 소나무는 정원수라고 하기에는 무척 커서 제법 운치가 있다. 솔 심어 정자라더니 차일처럼 늘어진 가지와 싱그러운 솔향이 그럴싸하다. 이제 나무를 분양해 주면 그 집에서도 소나무와 화살나무 특유의 운치를 맛볼 수 있겠지.

나무의 대물림을 보는 것 같다. 무뚝뚝하다고 생각한 친정아버지가 떠오른 것이다. 하지만 그것은 나의 생각뿐 마을 사람들에게는 후덕한 분이셨다. 나 어릴 적 강원도에서는 쌀이 귀했다.

바닷가라서 생선은 흔했을지언정 산골이다 보니 그럴 수밖에 없었는데 아버지께서는 손님만 오면 푸짐하게 퍼내서 배불리 먹게 하고 나서야 보냈다. 그러니 자식들에게는 오죽했으랴만 지금 아빠들처럼 자식 사랑의 표현에 서툴렀을 뿐이다.

뿐이랴. 옷이 부실하면 당신이 입지 않는 속옷이라도 꺼내서 입혀 보내셨다. 우리가 크게 부자는 아니었건만 다들 형편이 그만그만했을 텐데도 그리 후하게 대접하셨던 거다. 헐벗으면서 살지는 않았어도 그럴 때마다 괜히 불편한 마음이 들었으나 이렇다 할 변화 없이 집안은 늘 평온했다.

어린 마음에도 물색없이 퍼준다고 해서 살림이 바닥나지는 않는가 보다고 생각했다. 아버지의 씀씀이는 별도로 우리 남매는 여전히 학교는 잘 다니고 있었기 때문이다.

하기야 뭐 샘물이 퍼먹는다고 줄어들지는 않는다. 오히려 퍼낼수록 맑아진다. 재물도 즉 얼마 되지 않는 재물이라도 적절히 떠내면 퍼낼수록 맑고 깨끗해지는 옹달샘처럼 윤택한 살림이 될 거라고 막연히 그랬다.

그런 아버지를 닮은 듯 나도 주는 것을 좋아했다. 무엇이든 새로운 게 생기면 이웃에게 돌리기 일쑤다. 그렇게 퍼주다 보니 돌아오는 것도 없지는 않았다. 가끔은 말로 주고 되로 받기도 하지만 딱히 계산된 것은 아니었기에 신경 쓰지 않는다.

　설령 그렇게 주다가 살림에 타격이 갈지언정 걱정하는 사람은 없을 것이다. 그런 생각을 하는 사람이라면 애초부터 주지도 않을 것이기 때문이다. 우리 아버지 역시 그런 생각이 전혀 없으셨기 때문에 지금 우리가 이만큼 살 수 있는 것으로 보았다. 자식은 누가 뭐래도 부모님 그늘을 빌어서 사는 존재였기 때문에.

　그 집안을 보면 부모를 알 수 있고 부모를 보면 자식을 안다. 이 말은 곧 자식을 보면 그 부모를 알 수 있다는 말도 되는데 그러자니 더더욱 행실을 조심한 것도 사실이다. 잘은 모르지만 바르지 못한 행동을 하면 그로써 부모에게 누를 끼칠 테니 어린 마음에도 나름 조심을 했었다.

　재산을 물려주기보다는 올바른 생각 하나를 물려주는 것이다. 깜빡 잊은 채 물질로써만 부모 노릇을 할 수 있는 것으로 착각할 때도 있으나 그게 얼마나 독이 될지를 헤아리지 않을 수 없다.

　동구 밖을 지나다 보면 이따금 낯선 노인이 눈에 띈다. 상식적으로는 요양원에 갈법한 나이였으나 저렇게 산책을 나오는 것을 보면 자식과 함께 나들이라도 온 것인지 모르겠다. 증명이나 하듯 길 가에 주차해둔 소나타 문이 열리고 동시에 아들인 듯 젊은 남자가 가까이 오더니 오밀조밀 따라다니면서 손발이 되어주는 게 예사로운 풍경은 아닌 성싶다.

이 근처를 지나다가 풍경에 팔려 잠깐 내린 것일 수 있다. 전혀 낯선 사람인 것을 봐도 그랬다. 구태여 말하지 않아도 언덕으로는 벚꽃이 한창이었다. 먼 산골짜기에는 또 복숭아꽃이 다박다박 꽃망울을 터뜨리는 중이다.

그것을 본 노인이 잠깐 내려서 꽃구경을 하자고 조르지 않았을까. 모르기는 해도 아들은 자기가 어릴 적 부모에게 떼쓰던 일이 생각났을 것이다. 그럴 때마다 군말 없이 들어주던 아버지를 생각하면서 저리 시중들어 주는 거겠지.

얼마 후 아들과 아버지로 보이는 두 사람은 시야에서 사라졌다. 나 역시 봄비 추적거리는 둔덕을 지나 이웃 사람들에게 묘목을 분양해 주었다. 마음이 촉촉해진다. 보슬보슬 흩날리는 가랑비처럼.

아버지와의 추억도 그렇게 멀어져 갔다. 지금 저 추적이는 봄비는 산골짝 물이 되고 강물이 되고 그 다음 바다에서 증발되어 다시금 먼 산골짝에 떨어지겠지만 세월의 분수령에 새겨진 추억은 한 번 가면 다시는 가뭇없다. 그래서 더욱 소중한 인생인 것을 깨닫곤 한다. 그럴 때마다 우리 또한 이웃과 가족들에게 더더욱 소중한 존재로 남을 것을 새기곤 하는 것이다.

역지사지

　100% 내 잘못이다. 앞지르기를 하려면 일찌감치 신호를 보내야 하는데 덮어놓고 추월을 했다. 참으로 당황스러웠을 텐데도 가볍게 경고 신호만 보냈을 뿐 그냥 지나쳐 갔다. 손을 들어 미안하다는 사인을 보내고는 나도 모르게 가슴을 쓸어내렸다.
　운전을 하다 보면 가끔 본의 아닌 실수를 하게 된다. 여느 때 같으면 불가피하게 추월하고자 할 경우 반드시 양해를 구하는 신호를 보낸다. 누가 봐도 당연한 일이건만 어처구니없이 그럴 때가 있다. 상대방 차량에서는 물론 짜증낼 일이다. 문을 열고 나와서 호통을 친들 유구무언일 수밖에 없지만 오늘 본 운전자처럼 너그럽게 봐주는 경우도 많다.
　그 사람의 심리를 파악해 본다. 나처럼 무의식적으로 추월한 전적이 있었을 것이다. 가끔은 다혈질일 사람을 만날 때는 화살 같은 비난을 받았을 테고 또 어느 날은 그럴 수도 있으려니 하는 식의 가벼운 책망 정도로 끝나기도 했으리. 뜻하지 않은 실수에 본인도 민망했을 텐데 핀잔까지 들으면 정말 기분이 정말 그랬을 것이다.

어제 그제 혹은 며칠 전 일이라서 마음이 너그러운 상태였을지도 모르겠다. 오래전 일이라면 까맣게 잊었을 테고 자신도 모르게 험한 말이 나올 수 있을 텐데 그날따라 가벼운 핀잔 정도 끝내준 것이 나로서는 천만다행이라는 생각까지 들었다.

나 역시 상대방의 대단치 않은 실수에도 민감하게 구는 날이 있다. 어느 날은 또 묵과할 수 없는 실수인데도 넘어가 주기도 한다. 그날의 컨디션에 따라서 반응이 조금씩 차이가 나지만 내가 남을 봐줘야 상대방 역시 나의 실수를 눈감아 주려니 싶은 기대감 때문이다. 인간이라면 모름지기 그런 품성쯤은 갖춰야 할 테니.

우리는 대부분, 남의 작은 허물은 들보같이 크게 보이고 자기의 들보 같은 허물은 하찮게 본다. 진짜 인격이라고 말할 정도가 되려면 자신에게는 철저해도 남에게는 너그러워야 되지 않을까. 역지사지라고 하지 않던가. 상대방 입장에서 보면 무엇이든 이해할 만한데 말처럼 쉽지는 않다. 우리는 모두 상대방 입장보다는 자신의 입장이 중요하다.

굳이 운전이 아니어도 살다 보면 그런 경우가 어디 한두 번이랴. 영국의 비평가 겸 역사가인 카알라일의 일화가 생각난다. 몇 년 동안 밤낮으로 『프랑스 혁명사』 저술을 끝냈다. 그리고 친구이자 철학자 존 스튜어트 밀에게 이 방대한 양의 원고의 감수를 맡겼다.

그러던 어느 날 밀이 자리를 비운 사이 하녀가 그 원고를 쓰레기인 줄 알고 몽땅 불태워 버리고 말았다. 친구 밀에게 이 사건을 전해들은 카알라일은 그를 너그럽게 용서하는 편지를 보내고, 처음부터 다시 쓰기 시작한다.

그 심정이 오죽했을까. 그렇지만 다시 펜을 잡은 뒤 3년 후에 마침내 원고를 완성했다. '프랑스 혁명사'는 불후의 명작으로도 유명하지만, 그보다는 카알라일의 아량과 관용이 드러난 작품으로 더 알려졌을 것이다.

사람들은 물론 그 책을 보면서 물 흐르듯 막힘없는 필력에도 감탄했겠지만 엄청난 분량의 원고를 불태운 것에 대한 분노를 표출하기보다는 널리 용서하고 다시 시작하는 용기에 박수를 보냈을 것이다.

말은 뭐 너그럽게 용서한다지만 그게 어디 쉬운 일인가. 친구인 존 스튜어트 밀이 아닌 그 집의 하녀가 저지른 일이기는 하지만 집안을 제대로 단속하지 못하고 자신의 소중한 원고를 불태운 거라고 질책할 수도 있었다. 친구로서도 쓰레기로 보이게끔 방치해둔 책임은 물을 수도 있을 테니까.

용서는 했지만 분노하고 좌절하고 절망에 시달렸을 것이다. 어떻게 다시 시작해야 될지 아득했을 텐데 어느 날 "지금부터 다시 써라!"는 영감이 스쳐갔을 것이다. 그는 다시 펜에 잉크를 묻혔다. 마치 피를 찍어 쓰듯 정성을 들였다. 그 원고가 인류사에 다시 없을 불후의 명작이 되었다.

위대한 인물은 실패의 가치를 아는 사람들이다. 영웅은 '해낼 수 있다'고 믿는 사람들이다. 카알라일은 프랑스 혁명사라는 방대한 저술을 끝냈다. 두 번에 걸쳐서 집필한 까닭에 더욱 훌륭한 책으로 나왔을 것이다. 원고는 사라졌지만 프랑스 혁명에 대한 식견은 그대로 남아 있었다. 재차 다듬으면서 두 번 세 번 퇴고의 과정을 거쳤으니 명작이 될 수밖에 없는 배경이다.

저술가로서, 원고가 소실된 것보다 더한 시련이 있을까만 불굴의 의지로 다시 쓴 노력이야말로 본받을 만하다. 더욱 놀라운 것은 몇 년의 수고가 한줌의 재로 바뀐 셈인데, 그럼에도 불구하고 쿨하게 용서했던 아량은 숭고하기까지 하다.

그가 남겼다는 '길을 가다가 돌을 만나면 약자는 그것을 걸림돌이라 하고 강자는 디딤돌이라고 한다'는 말도 의미가 깊다. 인간은 절망 앞에서 얼마든지 다시 일어날 수 있다는 의지를 보여주기도 하지만 여하한 실수든 잘못이든 용서하고 덮어줄 수 있는 관용의 중요성을 배운 것이다. 저술가로서 비평가로서 뛰어난 카알라일의 인품을 빛나게 한 것은 어떤 잘못도 용서하고 덮을 수 있는 아량이었기 때문에.

  오늘 미지의 운전자를 통해서 본 깨우침이 참으로 소중하다. 그래 나도 누군가 운전 도중 나를 성내게 하고 불편하게 만들지언정 최대한 덮어줄 것을 다짐해 본다. 뭐 용서까지는 아니어도 내가 남을 먼저 이해를 할 때 그 사람 역시 나를 이해해 줄 거라는 것을 숙지해본다.

오죽헌 일기

　오죽헌이 보인다. 신사임당 동상 옆에는 5만원권 지폐가 조각되어 있고 율곡 이이의 동상 옆에는 5천원 권 지폐가 똑같이 조각되어 있다. 한 나라의 지폐 안에 어머니와 아들의 초상이 동시에 들어 있다. 화폐 개혁이 이루어지고 100년도 채 되기 전의 변화다. 특이한 일이다.
　오죽헌은 강원도 강릉시 죽헌리 북평촌에 위치한 사적이다. 어머니 신사임당과 아들 이이가 태어난 곳이다. 보통 이 정도로 알고 있지만 그 외에도 관련 인물은 많다. 오죽헌이라는 당호 자체가 권처균의 호에서 비롯된 것이다. 이이의 호 율곡도 오죽헌이 아닌 친가인 파주군 율곡리와 관련이 있다. 복잡한 가족력이 상상된다.
　오죽헌은 신사임당의 친가였으나 거슬러 가보면 외가가 되기도 한다. 사임당의 아버지 신명화는 이사온의 사위였다. 이사온은 사임당의 외할아버지로, 아들은 없이 딸 둘만 키웠다. 두 딸 중 한 사람은 권씨 집안 그리고 또 한 사람은 신씨 집안에 출가했다. 신씨 집안에서는 신사임당이 태어났으며 권씨 집안에서는 권처균이 태어났다. 이사온은 재산을 두 딸에게 물려주면서 외손자들이 상속받은 셈이다.

신명화는 딸만 다섯이었다. 사임당은 그중 둘째딸이다. 딸들이 모두 영특했지만 신사임당이 그중 뛰어났다. 신명화가 한미한 집안의 이원수를 사위로 삼은 것은, 결혼을 한 뒤에도 딸의 예술적 재능을 키우기 위함이었다. 데릴사위를 들여서 시서화에 능했던 딸의 기량을 충분히 발휘하도록 했던 것이다.

이원수 또한 결혼생활에 불만이 없을 수는 없었다. 양반가라는 것 외에 재산도 없고 더구나 홀어머니 밑에서 자란 터였다. 이렇다 할 벼슬도 하지 못한 백면서생이었다. 정치적으로나 재력으로나 강릉에서 내로라하는 처가에 굽히며 살 수밖에 없는 집안이었다. 그 때문에 신사임당은 마음껏 실력을 뽐낼 수 있었고 조선조 이후에도 모든 여성들이 본받아야 될 롤모델로 부상한 것이다.

우리나라 최고의 고액권 지폐에 등장할 정도의 인물인 것은 확실했으나 새롭게 발견된 사실에 의하면 100% 그렇지만도 않다. 우선 시집살이를 거의 모르고 살았다. 결혼 생활을 유복한 친정에서 시작했기 때문에 불편한 게 있을 리 없다. 물론 남편과 친정 부모님 사이에서 중재할 일도 없지는 않았을 것이다. 그리고 얼마 되지 않아 아버지가 사망하면서 3년 상을 이유로 시가(媤家)에 얼굴 한번 내비치지 않았다.

아들에 이어 5만원 지폐의 모델로 부상한 것은 현모양처라는 점 때문일 텐데 아들에게는 현모일지 몰라도 양처라고 보기는 어렵다. 시댁에서야 워낙 한미한 집안이라 어찌 해볼 엄두도 내지 못했다.

이후 한참 지나서 시가로 돌아갔으나 이원수의 집안사람을 다 합쳐도 신씨 집안을 대적하기는 어려웠을 것이다. 실력 있는 예술가 집안인 것도 그렇고 일단은 재력으로도 게임이 되지 않았다. 1504년에 태어났으니 지금으로부터 520년 전 인물이다. 그 시대의 여자가 그렇게 자유분방한 생활을 했다는 게 믿기지 않는다.

당대에 드문 금수저 집안이기는 했다. 사임당은 또 그림과 자수 문장 등 어느 것 하나 능하지 않은 게 없다. 성격도 자연히 호탕했을 것이다. 이래저래 어찌해 볼 수 없는 상대였다고 보면 그때나 지금이나 금수저라는 배경 때문에 본의 아닌 피해를 입는 경우도 있는가 보다.

임진왜란 때 충주 탄금대에서 전사한 신립은 사임당의 9촌 조카이고 독립 운동가이자 정치가였던 해공 신익희는 14대 후손이다. 2007년 수많은 반대와 반발에도 불구하고 정부에 의해 5만원권 지폐의 주인공으로 도안되었다. 획기적이다.

바람이 분다. 520년이라는 세월부터가 유구하다. 그렇게 오랜 날을 살았어도 다친 데 없이 멀쩡한 오죽헌 또한 대단하다. 일반 가옥이 아닌 특별 가옥이다 보니 주기적으로 보수하는 등 관리가 잘 되기는 했을 것이다. 그렇더라도 그 오랜 날을 버티고 보니 훨씬 나중에 태어난 우리가 가끔 가서 견학을 하고 있지 않은가. 사임당은 또 훌륭한 어머니요, 아들 이이는 성리학의 대가로 우리민족의 자랑이다.

명당이라기엔 말이 너무 쉽다. 학문과 실력을 키우기 위해 얼마나 부단히 노력했을까. 사임당 같은 경우 배경이 워낙 빵빵하다 보니 시댁에 약간 소홀한 것은 부인할 수 없다. 그렇더라도 율곡 이이 같은 성현을 키워낸 것은 허투루 볼 게 아니다. 특이하게도 아이들을 서당에 보내지 않고 직접 가르쳤다. 그 자신이 철학을 가진 어머니였고 평생 자기 계발을 위해 부단히 노력하는 어머니로서의 모본을 보여주었다.

자녀는 부모의 그림자를 보고 자란다. 율곡의 누이였던 이매창(기생 매창과는 동명이인) 또한 어머니 사임당의 가르침이 적지 않았다. 어머니를 닮아 그런지 일찍이 문장과 그림에 두각을 나타냈다. 특별히 거문고 타는 솜씨가 뛰어났다. 발명왕 에디슨이 홈스쿨 엄마에게 가르침을 받아 성공한 케이스라면 우리나라의 조선에는 신사임당이 있었다.

봄 터널에서

삼월의 볕이 제법 따갑다. 어느새 일, 이월이 지나 삼월하고도 중순이 지나 봄볕이 등을 따뜻하게 데워준다. 모처럼 꽃밭을 거닐면서 '너희들도 이제 따스한 볕의 기미를 알고 나올 채비를 하는구나'라고 혼자 되뇌어 본다.

꽃밭 모퉁이에는 돌단풍이 뾰조록 순을 내밀었다. 담장 옆의 개나리도 통통하게 물이 올랐다. 대문 옆에 늘어선 개나리도 가지가 포로소롬하다. 삐죽이 뻗어나간 화살나무도 물이 올랐다. 산수유 가지는 벌써부터 노란 솜사탕 같은 꽃망울이 도드라져 있다.

텃밭 모서리에는 냉이가 벌써 하얀 꽃을 피웠다. 자세히 보면 꽃다지도 노랗게 물들어 있고 둔덕으로는 애기 쑥도 번져 나오는 중이었다. 지난해 심어 둔 당귀 역시 파랗게 올라왔다.

약초로 쓰기 위해서 심어둔 터였지만 해마다 봄이면 어린 순을 솎아서 쌈으로 먹어 왔다.

봄이라 해도 늦추위는 아직 남았을 텐데 제법 서두르는 분위기였다. 그럴 수밖에 없는 것이 겨우내 얼마나 춥고 지루했을 지를 생각한 것이다. 그래도 봄이 되었으니 잔뜩 벼르면서 봄 잔치를 벌일 생각에 들떠 있는 것 같은 분위기에 나까지 설렌다. 오랫동안 땅 속에서 묻혀 있다가 이제 곧 바깥세상에 나올 채비를 끝낸 터였다.

가만히 귀를 기울이면 씨앗이 터지는 소리가 들린다. 더러는 땅을 뚫고 나오는 게 힘들어서 용쓰는 기척도 들린다. 소리도 없이 봄맞이 준비에 열중해 있는 모습들이다.

얼마 후 펼쳐질 꽃들의 공연을 상상해 본다. 수많은 새들이 등장할 것이다. 하늘은 높고 들판은 푸르고 그 위를 날아다니면서 등장할 수많은 새들이 떠오른다. 당연히 찬조출연이겠지만 하모니를 넣으면서 봄꽃들의 축제를 더욱 아름답게 수놓지 않을까. 얼마 후 밀밭에서는 종달새가 눈을 치뜨면서 귀를 기울일 것이다. 5월은 되어야 노래를 부르는 새였으나 둥지 속에 들어앉아 서투른 대로 박자를 맞추고 있을 것도 같다.

꽃밭의 꽃들은 삼월이면 그렇게 세상 밖으로 나오면서 서로 더 예쁘게 피려고 법석이다. 뿐이랴. 둔덕의 버드나무도 치렁

치렁 가지를 늘어뜨리면서 봄맞이에 바쁘다. 겨우내 죽어 있던 것처럼 칙칙했던 가지에 물이 오른 것은 벌써 열흘이 가깝다. 우리가 봄이라고 기지개를 켤 동안 마당은 그리고 들판은 그렇게 봄 시나리오를 쓰는 중이었다.

한낮이 되었다. 동산을 오르는데 떡갈나무 밑에 응달을 보니 잔설이 희끗희끗하다. 봄인 것 같아도 겨울의 흔적은 남아 있다. 하기야 엊그제 저수지를 지나올 때도 얼음조각이 떠다니고 있었다. 봄 역시 더디더디 찾아오지만 동지섣달 진치고 있던 겨울도 선뜻 물러날 기색은 아닌가 보다. 봄은 그리고 삼월은 끝내 찾아올 것인데 말이다.

삼월은 시작의 절기였다. 새해라고 하는 1월도 시작을 뜻하지만 3월이 더 의미심장하다. 새 학기도 3월인 것처럼. 새해의 첫 달은 1월이어도 여차하다 보면 흐지부지되기 일쑤다. 야무지게 꿈꾸었던 결심이 알게 모르게 식상해지다 보면 어느새 삼월이다. 그대로 쭉 이어지면 모르기는 해도 결심은 모두 흩어지고 말 텐데 3월이라는 받침돌 앞에 제동이 걸리면서 도약의 계기로 삼을 수 있다. 말하자면 1월의 꿈과 소망을 거듭 다지면서 보다 알찬 한 해를 만들기 위한 초석으로 바뀐다.

봄도 그런 이미지로 여기까지 왔다. 봄이라는 말이 처음 등장한 것은 입춘이다. 삼월이 아닌 2월 5일 경이다. 실제로 그

때부터 얼음은 녹기 시작한다. 그러나 또 거짓말처럼 추워지고 다시금 얼어붙는다. 그렇게 한 번 두 번 수없이 반복되면서 겨우 따스해진다. 그나마도 언제 추워질지 몰라서 꽃을 피우고도 전전긍긍하는 게 봄의 속내다. 봄이 되고 꽃이 피는가 싶어 설레던 것도 잠시 뿐이다. 어느 날 반짝추위 꽃샘에 떨고 그랬던 게 어디 한두 번이었던가.

자그마치 한 달 내 거듭되는 일이지만 인생도 그렇게 보면 살아가는 것에 훨씬 수월하다. 언제나 봄 같은 날씨도, 언제나 궂은 날씨만도 아니기 때문이다. 봄날씨처럼 따스할 때는 반짝추위를 계산하면서 준비를 하고 설혹 진눈깨비 날리는 썰렁한 날씨에도 명랑하게 씻길 봄하늘을 생각하는 것이다.

내가 보는 뜨락의 꽃들 역시 겨울의 터널을 지나왔다. 춥고 썰렁하기만 했던 터널을 지나오면서 봄을 생각하기는 쉽지 않다. 음산한 날에도 따스한 봄을 생각해 왔다. 얼음골짜기를 지나올 때도 삼월의 하늘 밑에서 찬란하게 펼쳐질 봄의 향연을 상상했겠지. 눈구덩이 속에서도 봄꽃은 피고 얼음장 밑에서도 봄 마중물은 흐른다고 소망을 걸었기에 지금같이 따스한 봄을 누리게 된 셈이다.

내 인생의 터널도 어두컴컴하기는 마찬가지다. 그러나 터널의 끝에는 밝음이 기다린다. 터널을 빠져나가 한참을 달리다 보면 또 다시 등장하는 게 일이지만 터널과 터널 사이를 달려가는 게 인생이다. 마냥 썰렁하지 않고 그렇다고 마냥 따습지도 않은 계절에서 언제나 의기양양 오르막길도 아니고 언제나 주춤주춤 내리막길도 아닌 인생을 꿈꾸는 것이다. 더불어 그렇게 살다 보면 뽐낼 것도 위축될 것도 없는 삶의 진면모를 확인하는 것이다. 꽃 피고 새 지저귀는 삼월의 동산 마루턱에서.

임꺽정에서의 하루

 어느 날 카드 명세서를 보고 깜짝 놀랐다. 발신인 주소에 적혀 있는 임꺽정 때문이었다. 술집에는 가 본 적도 없는데 웬 임꺽정인가 싶다.
 하지만 곧 낙지 전문식당이라는 게 생각났다. 온천을 갈 때마다 지인과 함께 점심을 먹은 곳이다. 처음 식사를 한 뒤 카드를 긁고 나서 그렇게 놀랐던 것이다. 나중에야 물론 덤덤했지만 처음에는 어찌나 생소하던지 어제 일처럼 선하다.
 그렇더라도 왜 술집이라고 생각했는지 모르겠다. 단란주점일 수도 있고 노래방일 수도 있으나 결론은 술과 밀접하다. 영화관이나 책방과는 더더욱 거리가 멀다. 아무튼 건전한 이름은 아니었기에 그리 놀랐던 거다.
 임꺽정은 경기도 양주에서 백정의 신분으로 태어났다. 소와

돼지를 도축하는 백정이 아니라 버드나무나 갈대로 바구니 광주리를 만드는 고리백정이었다고 한다. 도적이 된 계기는 알 수 없지만 백정이 겪어야 될 신분적 차별과 당시의 상황 때문이라고 본다. 도적으로 활동하던 명종 때에는 그 어머니 문정왕후가 수렴청정을 했고 동생 윤형원이 권력을 장악했다.

아울러 탐관오리 때문에 민심이 흉흉해지자 임꺽정은 자신과 같은 불평분자들과 더불어 관아와 민가를 털면서 종횡무진하였다. 임꺽정이 나타났다 하면 보부상들이 길을 나서지 않아 교통이 끊어질 정도였다고 한다.

실패로 끝났으나 지배층에게는 불안과 위기의식을 심어 주었으며 피지배층에게는 희망을 안겨 주었다. 지배층은 그를 흉악무도한 도적이라 일컫고 민중들은 의적으로 영웅시했다.

보통 그렇게 알고 있지만 일부 백성들이 임꺽정에게 호응한 것은 보복이 두려웠기 때문이라고 한다. 아울러 대리만족처럼 자신들을 괴롭히는 관리를 임꺽정 패가 처치해 주었기 때문일 거라는 추측도 있다.

그렇더라도 하필 임꺽정이었을까. 알고 보니 임꺽정 떡갈비에 임꺽정 부대찌개도 있다. 음식점에 유달리 많다. 암만 그래도 임꺽정 호텔은 없을 것이다. 생각만 해도 꿈자리가 사나울 텐데 그럴 리는 없겠지.

나로서는 술집을 떠올린 연유가 있다. 안줏거리로 그만한 인물은 없을 것이다. 감히 천민 주제에 반란을 일으켰다. 의적인지 도적인지 의견은 분분하지만 황해도 일대를 장악한 것을 보면 대단한 뚝심이다.

장길산도 그렇고 홍길동도 그렇고 똑같이 천민 출신이다. 아니 그 당시는 몰라도 지금으로서는 그냥 서민이었을 것이다. 생각하니 서민들 역시 근로법이나 의료법에 따른 부당한 대우가 없지는 않았다.

정당한 노동을 제공하고도 임금이 체불되는 일은 아주 흔했다. 의료사고가 날 때도 대부분 진료를 받는 서민들이 불이익을 받는다. 의료법은 있지만 서민들로서는 빼도 박도 못하는 조항 때문에 알고도 흐지부지되는 게 보통이었다.

다른 거라면 노동청에 신고할 수도 있고 의료진에 맞서 투쟁을 벌일 수도 있다. 흔한 일로 불량제품을 구입했을 때는 소비자고발센터가 있다. 맞대응할 여력도 없이 속수무책 당했던 임꺽정 때와는 훨씬 유리하다. 오죽하면 도적으로 전락하랴 싶지만 지금과는 달리 사는 게 지옥이었던 그 옛날에는 딱히 방법이 없었다.

억울해도 참고 분해도 화를 삭히다 보니 도적이 출몰할 법도 하다. 그러니 울화가 치밀 때마다 찾아가는 술집을 연상했던 것이다. 추측과는 달리 낙지볶음 전문이었으나 사건은 또 있었다. 서울에서 각별한 친구가 놀러온 날이었다. 모처럼 정식을 주문해서 실컷 먹었다. 그날따라 어찌나 맛있는지 시간 가는 줄도 몰랐다.

　식사를 끝내고 후식으로 피자까지 주문했다. 밀린 이야기를 나누느라 정신없는데 주인이 수정과를 곁들여서 내왔다. 맛나게 먹고 나니 금방 뉘엿뉘엿해졌다. 서둘러 동무를 배웅하고 집으로 가는데 이런 카드를 그냥 두고 왔다.

　부랴부랴 식당으로 되짚어 갔다. 초겨울이라 그새 어스름이 덮인다. 괜히 조급해지는 마음을 참으면서 달려갔더니 아르바이트생이 눈치 채고는 카드를 내어준다. 카드 지갑에는 주민등록증과 운전면허증까지 있었다. 뒷정리를 하면서 챙겼다는데 그냥 방치해 뒀으면 영영 잃어버렸을 거다. 나도 모르게 가슴을 쓸어내렸다.

　그 식당은 이후로 단골이 되었다. 이름부터가 그렇고 깃든 사연도 쏠쏠히 많다. 앞으로 어찌될지는 모르지만 내가 본 중에 낙지 볶음집 간판은 전무후무한 집일 거다. 카드명세서를 보고 얼결에 술집을 떠올린 것부터가 아주 특별한 기억이었으니까.

작약꽃 피는 뜰에서

작약이 피었다. 분홍색 작약은 겹으로 피고 빨강과 흰색은 홑꽃이다. 어느 날 수많은 몽우리가 앞 다투어 피더니 마당이 다 환해졌다. 꽃도 예쁘지만 한약재료도 뛰어난 식물이다. 함박은 꽃으로 부를 때 이름이고 약재로 부를 때는 작약이다. 미나리아재비과의 다년생 초본식물로, 위장, 심장, 간 등에 효과는 물론 항균 작용도 뛰어나서 면역력 개선에도 도움이 되는 약재이다.

작약은 뿌리를 약재로 사용하지만 꽃과 뿌리, 열매 잎까지 약으로 먹을 수 있다. 일반적으로 작약 가루, 작약 차, 작약 꽃차, 작약 감초탕, 작약 술로 먹으면서 효능을 얻는다. 특별히 찬 성질을 가지고 있기 때문에 냉한 체질은 너무 많이 먹지 않는 게 좋다. 다른 약재처럼 과다 섭취가 되면 복통이나 설사 등의 부작용이 나타나기 쉽다. 특별히 산모가 산후에 발열이 심한 상태에서는 복용하지 않도록 주의가 필요하다.

작약은 어디서나 재배할 수 있는 식물이다. 파종 시기는 9~10월, 수확 시기는 3~4월이며 꽃이 피는 시기는 5~6월이다. 물을 줄 때는 흙이 마를 것 같을 때 한 번씩 주는 것으로 충분하다.

작약은 일단 꽃이 예쁘다. 흐트러지게 필 때는 뜰이 다 곱다. 함박꽃이라고 부를 만도 하지만 꽃말은 수줍음 부끄러움이다. 꽃은 화려하고 흐벅진데 하기야 그래서 더 얌전하고 조신한 꽃으로 태어났는지도 모른다.

중국 사천의 한 마을에 홀로 사는 선비가 있었다. 딱히 만나는 사람도 없고 온종일 책이나 읽으며 소일했다. 그가 대하는 것은 책뿐이었고 가끔씩 뜰에 나가 붉게 핀 작약꽃을 감상하는 것이 고작이었다.

어느 날 그이 집에 묘령의 처자가 와서는 자질구레한 집안일과 시중을 들어 주겠노라고 간청했다. 외로움에 지친 선비는 기쁜 마음으로 같이 기거할 것을 허락하였다. 이후로 하루 종일 집안일을 도맡아 할 뿐 아니라 시나 그림에도 조예가 깊어서 좋은 말동무가 되었다.

꿈같이 달콤한 생활이 지속되던 어느 날, 전부터 알고 지내던 도인이 찾아왔다. 선비는 도인에게 처녀를 자랑삼아 소개시키려고 불러내었으나 나오지를 않았다. 궁금한 마음으로 이곳저곳을 찾아다니던 중 벽에 매달린 채 서서히 벽속으로 스며들어가는 것을 보았다.

마침내 처녀의 모습은 자국으로만 남았고 입술만 움직이며 하는 말이 "저는 사람이 아니고 작약의 혼이예요. 선비님은 저를 인간으로 대해 주셨고 저도 선비님과 사는 것이 기쁨이었으나 오늘 찾아오신 손님은 믿지 않을 테니 꽃으로 다시 돌아갈 수밖에 없습니다."라고 고백하였다. 그렇게 점점 벽 속으로 사라진 뒤 선비는 다시 하늘만 빼꼼히 보이는 산골짜기에서 작약을 벗삼아 살던 생활로 돌아갔다.

사람이 아니고 작약의 혼이라면 다른 사람의 눈에 띌 경우 곤란해질 수밖에 없다. 심산유곡에 사는 외로움을 달래주기 위해서 등장한 셈인데 선비는 어처구니없게도 자랑하고 싶어 했다. 한두 번은 나물을 캐러 오는 사람들 눈에 띄기도 했을 것이다. 그렇게 소문은 퍼졌을 것이지만 선비로서는 자랑할 것까지는 아니었다.

더구나 작약의 혼이라니 믿기지 않는 설화다. 어릴 때는 꽃의 정령이 예쁜 여자로 변신할 수도 있겠지 했으나 지금은 단지 어설픈 자랑이 가져오는 불행을 생각해 본다. 자랑 끝에 불붙는다지 않던가. 도인이 찾아오던 그날 자중만 했어도 끝까지 해로했을 것인데 경솔했다.

깊은 산중에서 혼자 외롭게 살다가 뜻밖의 동반자를 만났으니 참 좋았겠지만 섣불리 자랑하려다가 일을 그르쳤다. 작약으로서는 심산유곡에 피어도 향기 때문에 드러날 테니 구태여 자랑할 필요까지는 없다. 그런 줄도 모르는 선비가 누구에게든 자랑하고자 혈안이 되면서 불행을 자초하고 말았다.

새삼스럽게 작약을 본다. 봄이면 우리 집 뜰을 환히 밝혀 주는 꽃이 오늘따라 참 예쁘다. 꽃치고는 약재로도 쓰이는 유일한 식물이다. 소화가 되지 않을 때, 말려둔 뿌리를 차로 달여 마시면 거북한 속이 가라앉는다. 위장 기능 강화는 물론 혈류 개선을 촉진하여 심장 건강에도 도움을 준다니 소중한 꽃이다. 아름다운 꽃으로도 손색이 없고 약초로서도 나무랄 데 없는 작약의 한 살이를 돌아본 것이다.

잡초를 보다

 길을 가던 중 김매기를 하는 농부를 보았다. 뙤약볕에서 논바닥을 훔치며 비료를 뿌리는 중이다. 둑 너머 고구마 밭의 할머니도 구슬땀을 흘리며 풀을 뽑아내고 일변 북을 주고 있다. 두 사람 모두 처음 뽑기 시작한 게 사흘 전인 걸 보면 얼추 끝났을 텐데 여전 그 자리다. 자라는 속도가 더 빠른지 다 뽑을 동안 처음 그 자리에서 또 올라오는 성싶다.
 도서관 주변의 논밭에서 흔히 볼 수 있는 정경이다. 풀만 없어도 수월할 거라고 했지만 언젠가 풀로 뒤덮인 묵정밭이 옥토가 된 걸 보고는 생각을 바꿨다. 잡초는 말 그대로 쓸모없는 풀이지만 반전되는 세상 이치를 보면 속단할 수만은 없다. 풀이 없으면 누가 호미질을 하겠는가. 잡초가 있어야 풀을 뽑고 북을 돋워주게 된다.

잡초 때문에 곡물이 자라는 것은 쓸모의 여부가 아니라, 불필요한 존재라도 야박하게 대할 수 없는 최소한의 예우를 뜻한다. 쓸모가 많은 것은 익는 대로 거두어들이기 때문에 거름이 되지 못한다. 있으면 안 되지만 없으면 더더욱 곤란한 게 잡초의 속성이다.

내 인생의 터에도 수많은 잡초가 들끓을 것이다. 미움과 원망, 시기 등 온갖 다툼이 삶의 터를 황폐하게 만든다. 곡식은 짐짓 가꿔도 벌레가 먹고 가물이 드는데 잡초는 돌보지 않아도 잘 자란다. 곡식보다 무성해지는 잡초의 속성은 우리 삶에 그대로 적용된다.

우리 삶의 수많은 잡초와 독초에 해당될 역경과 시련은 감당이 어렵지만 그래서 퇴비를 할 수 있는 게 아닐까. 곡식을 심고 난 뒤 제멋대로 올라오는 잡초는 농사에 있어 골칫거리지만 퇴비를 생각하면 필요한 요건이다. 내버려 둘 때는 한낱 잡초였으나 베어서 거름자리에 뒤섞어 놓으면 일약 퇴비가 되어 풍성한 수확을 가져오는 계기가 된다.

우리도 수많은 문제와 다툼을 해결할 동안 저마다의 인격이 형성된다. 또 한 가지 숙지할 것은, 잡초는 필요하되 작물은 그에 맞설 의지를 갖춰야 한다는 거다. 시련으로 원숙해진다 해도 중요한 것은 과감하게 맞서는 의지다. 잡초가 거름이 되는 원천은 강한 생명력이듯 대처할 의지가 없으면 시련도 무의미하다.

잡초에 뒤덮인 곡식이 여건만 탓하고 주저앉는다면 그대로 죽어 버린다. 밭에서는 또 누군가가 뽑아 줘야겠지만 우리 삶의 터는 스스로의 관리 문제다. 잡초 같은 경우 좀 더 자라기 전에 뽑아내면 수월하거니와 자칫 무성해져도 퇴비를 만들 수 있다.

하지만 우리 삶의 김매기 작업은 끝이 없다. 잡초는 뽑아내는 대로 계속 올라오지만 겨울이면 일단 멈춘다. 생각하면 당연한데 우리는 가끔 밤잠도 못 자고 지나간 일을 들추면서 속을 끓이고 그러다 보면 마음속의 잡초는 길같이 자라곤 한다. 그렇게 사는 것이다. 순조로운 가운데 꼴 지워지는 인품의 향기도 아름다울 것이나, 잡초 같은 어려움 속에서 더욱 굳세어질 의지를 생각해야 하리.

잡초를 뽑다가 곡식까지 다칠 수 있다. 자칫하면 멀쩡한 곡식도 함께 다치듯 시련 등도 섣불리 대처하다가는 삶의 근간이 허물어지기도 한다. 언젠가 폭우를 맞으면서 논둑을 다지는 농부를 보았다. 일기만 순조로워도 농사짓기가 편할 거라는 생각 역시 잘못된 것임을 알았다. 비 온 뒤에 땅이 굳어진다면 우리 삶의 프로젝트 역시 시련 속에서 견고해진다.

한나절이 되었다. 농부는 여전히 일을 하고 따비밭의 할머니도 밭둑에 앉아 여전히 계속하고 있다. 가뭄과 싸우고 잡초를 뽑아야 되는 농사를 힘들다고만 할 수 없는 기분이다. 때로는 잡초 같은 어려움도 아우를 수 있어야겠다. 우리 살 동안 그 때문에 곤란하고 힘들어도 모든 불행과 고통은 끝났을 때 우리를 더 강하게 만들어준다는 것을 생각하면 어려울 게 없다. 고난은 신이 우리에게 내린 특별한 선물이었다. 드세 빠진 잡초가 퇴비거름으로는 최고였던 것처럼.

4.
십일월의 길목

저 산 너머 광야에서

　한겨울의 넓은 마을의 평야는 을씨년스러웠다. 높새만 몰아치는 거기 드문드문 서 있는 앙상한 나무는 더욱 쓸쓸해 보였다. 잎 하나 없이 떨고 있는 모습도 참혹한데 이따금 날아드는 갈가마귀 소리와 날갯짓까지 살풍경하다.
　겨우내 얼어붙은 채 죽어 있는 땅이지만 봄이면 파랗게 살아난다. 해동이 되면 여기 마을을 둘러싼 기슭의 산수유나무가 노랗게 촉을 틔운다. 냇가의 버드나무도 하루하루 통통해진다. 물이 오르는 대로 하얗게 웃음을 물기 시작하면 어디선가 봄의 서곡이 울려 퍼지곤 했는데….
　광야가 생각난다. 우리나라는 지평선이 보일 정도의 광야는 없다. 특별히 광야라고 하면 끝이 보이지 않는 너른 들판을 가리키지만 지금 이 풍경을 확대만 해도 끝을 알 수 없을 정도로 너른 풍경이 클로즈업되는 느낌이다. 더구나 광야라고 하지만 가끔은 초원이 나오기도 한다. 지금 보는 마을의 산새가 좋아서 늘 오르던 산기슭을 누군가 크게 개간하려고 넓혀 놓은 것이 말 그대로 광야 그 자체로 보여진다.

 우리도 사는 게 광야처럼 느껴질 때가 있다. 이런저런 걱정이 없을 때는 푸른 초원과 꽃 피는 들판을 걷는 기분이지만 힘들 때는 물 한 모금 먹기 힘든 광야에 서 있는 기분일 것이다. 광야 하면 떠오르는 사막을 봐도 낙타를 타고 다니는 사람이 있는 것을 보면 전혀 불모지는 아니다. 광야라고 해서 낙심할 것은 없는 게 광야에도 하늘은 푸르고 새들 또한 날아가기 때문이다.

 끝이 보이지 않는 웅대한 풍경을 보니 이육사의 광야가 떠오른다. 광야를 가는 것처럼 일제 강점기를 살면서 무척이나 힘들어했던 시인이다. '까마득한 날에/ 하늘이 처음 열리고/ 어디 닭 우는 소리 들렸으랴'로 시작되는 장엄한 그 노래.

 시의 첫 행은 까마득한 태초로부터 천고(千古)의 뒤까지 형언할 수 없는 무한의 시간이 압축되어 있다. 시간도 시간이지만 광야라는 이름 그대로 공간 또한 끝없이 이어졌다. 땅의 끝은 어차피 바다이기 때문에 광야라 해도 끝은 물론 나오겠지만 적어도 지금 보는 시점에서는 무한이라는 뜻이다. '모든 산맥들이

/ 바다를 연모해 휘달릴 때도/ 차마 이곳을 범하진 못하였으리라.'고 했던 것처럼.

일제 강점기였던 그 시대야말로 광야를 지나는 것처럼 절망의 시기였을 것이다. 일본의 식민지 정책 때문에 우리나라 또한 광야처럼 절망이었던 그런 중에서도 독립의 의지를 굳혔다. 그렇게 비록 가난하지만, 시인은 언젠가 피어날 노래의 씨를 품고 있었다. 광야 자체가 소망이 없는 곳이지만 거기서도 꽃은 피었다.

인생 또한 광야를 가는 것처럼 힘들 때가 있었고 그런 속에서 꿈을 키우는 과정이 아닐까 싶다. 식민지 치하에서 암울했던 그 시절 육사를 비롯한 수많은 젊은 시인들의 의기야말로 민족이 염원이었던 자주독립의 초석이 되었다.

특별히 이육사의 그 친근했던 필명이야말로 수인번호 264였음을 기억한다. 이원록이라는 본명 대신 그 이름이 더 많이 알려진 폭이다. 하필이면 감옥에서 새로 얻은 이름이었던 것을 생각하면 암흑과 불행의 숫자였으나 오히려 그의 명성을 더욱 드높이는 계기가 되었다.

인생도 광야에서처럼 한치 앞도 보이지 않게 절망적일 때가 있다. 하지만 모든 인격의 정수는 가장 힘들 때 완성된다고 하지 않던가. 다시 말해서 삶을 포기하고 싶을 정도의 상황이라야 전성기를 이루고 진정한 삶의 향기가 나올 거라는 뜻이다.

　다시금 마을의 개간한 들판을 바라본다. 해마다 겨울이면 풍요로웠던 모습은 간 데 없이 폐허처럼 보여도 한때는 초록들판이고 천고마비의 계절 가을에는 끝없이 너른 금빛들판이었다. 하늘은 갈수록 푸르러지고 들판에는 벼가 탐스럽게 익어가던 풍경을 생각하면 지금 보는 풍경이 전혀 믿기지 않는다. 이육사 시인의 광야는 잿빛 들판이었지만 그 속에 깃든 이념은 진흙탕에서도 별을 볼 수 있는 간절한 소망을 나타냈다.

　특별히 이 작품은 그의 유고작으로 전해오다가 해방이 되고 난 후인 1945년 12월 17일 『자유신문』에 동생 이원조(李源朝)에 의하여 발표되었다. 그 뒤 시집에 계속 실려 이육사의 후기를 대표하는 작품으로 안동댐 입구에 세워져 있는 육사시비(陸史詩碑)에도 새겨져 있다. 청포도와 파초의 꿈 등 그의 수많은 작품이 있지만 이 시가 유독 인상적이었던 것도 광야에서처럼 어두운 날들일지언정 꿈을 잃지 말고 살라는 메시지 때문이었음을 마음 깊이 새겨본다.

저분저분 나물에 대한 단상

취나물을 뜯는다. 4월 말이면 이파리가 너울너울해진다. 햇살 따스한 날 뒷산 언덕에 올라서 탐스러운 이파리를 뜯노라면 나도 모르게 행복해진다. 초여름의 정취를 느낄 수 있어서 행복하고 향긋한 나물을 먹을 수 있어서 더더욱 행복하다.

집으로 가져와 보니 한 광주리는 실했다. 살짝 데쳐서 말릴 수도 있지만 올해는 취나물 장아찌를 담그기로 했다. 우선 절임할 취나물을 담은 그릇에 약간 짭짤하게 소금물을 넣는다. 취나물의 식감을 유지하기 위해 중요한 역할을 하기 때문에 알맞게 조절하는 것이 중요하다.

이어서 절인 취나물을 밀폐용기에 담고 냉장실에 보관한다. 신선한 상태로 보관하기 위해 가능하면 빨리 소비하는 것이 좋다. 살짝 데쳐서 나물은 물론이고 장아찌로 만들어서 저장해 두고 먹을 수 있다니 산나물로서는 가히 최고라 할 것이다.

 그러나 요즈음은 취나물 맛이 약간 바뀌었다. 시기를 놓쳐서 뜯지 못하면 할 수 없이 장에 가서 사오는데 지금까지 보았던 취나물 맛은 아니다. 연세 드신 할머니들이 직접 뜯어 오신 취나물을 팔기 때문에 산나물 특유의 맛을 느낄 수 있었는데 모를 일이다.

 왜 그런가 싶었는데 연유를 알았다. 이를테면 취나물도 모종을 심어 가꿔서 팔기 때문이란다. 고추와 가지처럼 모종을 심는다는 것이다. 마트에서 혹은 슈퍼에서 파는 것들이 곧 그렇게 재배되어서 나온 셈이다. 어디 취나물뿐이랴. 곤드레 나물조차 모종을 팔고 있다. 기가 찰 노릇이다.

 이웃집에서도 취나물을 키우기는 했었다. 오래전 시골로 이사를 오고 나서 보니 집집마다 취나물이며 곤드레 나물까지 키우고 있었다. 스스럼없이 친근해진 뒤 이따금 얻어 오면 산에서 뜯은 것만은 못해도 그냥저냥 먹을 만은 했었다. 이를테면 산골 마을이었으니 깊은 산중은 아니어도 산나물 특유의 향은 있었던 것이다.

 이후로는 나도 뜰 한 켠에 취나물을 심었다. 산에서 뜯어올 때보다는 억세지만 한 해 두 해 시간이 가면서 키워서 먹는 재미가 쏠쏠했다. 국화과에 속하는 다년생초본으로 개미취, 미역

취, 곰취 등 다양하다.

　우리나라 곳곳에 자생하며 미각을 돋우는 쌉쌀한 맛과 아릿한 향기 때문에 향소라고도 불렀다. 자연산 취나물은 보통 3월에서~5월에 채취한다. 알칼리성 식품으로 칼륨이 함유되어 있으며 혈관 속의 나트륨을 외부로 배출시키면서 고혈압과 동맥경화 등의 혈관질환을 예방한다. 민간에서는 열을 내리는 동풍채 외에 독을 없애거나 눈을 밝게 하는 약재로 사용하였다.

　이웃집에서 곤드레 나물 몇 뿌리를 가져와서 심기도 했다. 취나물과 함께 데쳐 말리면 나물이 귀한 겨울에 훌륭한 반찬이 되었다. 혹은 콩나물밥처럼 밥솥에 깔아 안친 뒤 양념간장을 준비하면 맛집에서 먹는 곤드레 비빔밥이 된다.

　곤드레의 정식 학명은 고려엉겅퀴였다. 깊은 산에서 제멋대로 자라며 줄기가 바람에 흔들리는 모습이 술에 취해 비틀거리는 사람과 비슷하기 때문에 그런 이름이 생겼다고 한다. 식물성 단백질이 풍부해서 옛날 보릿고개 때는 구황식품으로 알려졌으나 최근에는 특유의 풍미와 약효가 뛰어난 건강식품으로 많이 먹는다.

　곤드레 역시 취나물처럼 정성을 들인다. 음식물 썩은 것을 모았다가 거름을 주면 실하게 올라온다. 언젠가는 산에 가서 낙엽 썩은 부엽토를 긁어 와 거름으로 주기도 했다. 참기름을 바른 것처럼 반들반들한 잎사귀는 먹기가 아까울 정도였다.

텃밭이 있기 때문에 어지간한 푸성귀는 사지 않아도 충분히 먹는다. 봄부터 가을까지 상추와 호박은 물론 가지와 풋고추를 키우다 보면 그런대로 풍성한 식탁이 된다. 식량고추는 말할 것도 없고 참기름 들기름도 짜 먹다 보니 고기와 생선 외에는 전부 자급자족하는 셈이다.

특별히 취나물에 애착이 가는 것은 고향에 대한 애착 때문이다. 내 살던 강원도 하면 으레 나물이었다. 골이 깊고 산이 높아서 그런지 온갖 나물이 탐스럽게 자랐다. 맛도 맛이려니와 산나물 고유의 향이 뛰어나다.

공기마저 좋아서 산나물을 씻지 않고 그냥 보리밥에 싸 먹었던 기억이 새삼 그리워진다. 그 역시 세월의 발전과 옛날 같이 높은 산이라도 개발되고 주거환경도 옛날 같이 않아서 옛 맛을 느낄 수 없다.

그런 것을 먹다가 여기 와서 보니 이곳 나물은 너무 빈약했지만 그나마도 향수를 달랠 수는 있었다. 곤드레 역시 강원도 산골짜기에서 자생한 것은 아니어도 손수 가꾸다 보니 고향의 정취는 느낄 수 있다. 고향을 떠나온 것이 수십 년 세월이 흘렀어도 그 맛은 여전히 그리웠기 때문에.

진눈깨비

 아침부터 진눈깨비가 날렸다. 밤새 내리던 눈이 별안간 푹해지면서 어수선한 진눈깨비로 바뀐 것이다. 눈만 내리면 새하얀 백설의 풍경이 꿈속처럼 아름다울 텐데 내리는 대로 진창이 되는 모습이 괜히 언짢다.
 진눈깨비는 눈이 녹아서 비가 되어 떨어지는 도중에 다시 얼어붙는 현상이다. 쉽게 말하면 급격한 기온 변화로 생긴다. 일반적으로 대기 온도는 눈이나 얼음을 녹일만큼 높지만, 지표면이나 다른 고체 물질은 여전히 차가울 때 발생한다.
 한자로 '진(眞)'은 참, '눈(雪)'은 눈, '깨(開)'는 여는 것, '비(飛)'는 날다라는 뜻을 갖고 있다. 일반적으로 겨울에 발생하며, 미세한 눈과 비가 함께 섞이면서 눈이 내리는 것도 비가 내리는 것도 아닌 현상이 나타난다.

이런 날은 따뜻한 아랫목에서 뒹굴뒹굴하는 게 상책이다. 그러나 하필이면 점심 약속을 잡아둔 터였다. 공교롭게도 가는 날이 장날이었다. 길이 미끄러운 바람에 자동차 대신 버스를 타고 가기로 했다.

얼마 후 시간이 되자 버스가 왔다. 올라가서 자리를 잡고 앉았다. 떠날 시간이 임박할 즈음 다리가 불편하신 마을 어른 몇몇이 버스를 향해 오고 있다. 부랴부랴 올라타고 있는데 그중 한 분이 그만 미끄러졌다.

중심을 잡지 못하고 휘청대기는 했지만 크게 다친 것 같지는 않았다. 그래도 다리를 접질렸으니 장에는 가지 못하겠다면서 차에서 내렸다. 그렇게 집으로 돌아가는 어른에게 기사아저씨가 명함을 건네주신다. 그리고는 "며칠 뒤, 이상이 있으면 연락 주세요."라고 덧붙이신다.

잠시 후 버스가 출발했다. 동구 밖을 지나는데 묘하게 착잡하다. 묵묵히 운전을 하는 기사 아저씨의 뒷모습이 듬직해 보인다. 친절도 친절이지만 책임을 다하는 모습이 그려진다.

솔직히 기사 아저씨의 책임은 아니다. 버스는 정차해 있었기 때문에 따지고 보면 본인 실수였다. 오히려 위험하게 그러면 되느냐고 지청구를 줄 수 있는 문제다. 그런데도 불쾌한 기색 하나 없다. 그런 기색은커녕 자기가 목격한 불상사를 넘기지 못하는 마음이 진눈깨비 뿌리는 어수선한 속에서 따스한 풍경으로 채색된다.

보나마나 노쇠한 형님 또는 아버지를 생각했을 것이다. 일껏 호의를 베푼 것이 진짜 다쳤으면 덤터기를 쓸 수도 있는 일이다. 그럴지언정 말로만 그러는 게 아닌 진실이 느껴진 것은 나만의 감상일까. 눈과 비가 섞여서 질척대던 기분이 맑아지면서 한껏 명랑한 기분이다.

홀연 진눈깨비로 질척이던 날 돌아가신 나의 아버지가 떠오른다. 결혼하고 3년 뒤였다. 갓 결혼하고 한창 아이들 키우느라 정신없이 바쁠 때였다. 내 고향 삼척은 그때만 해도 눈이 자주 내렸다. 한 이틀 눈이 내리고 푹해지더니 지금처럼 진눈깨비가 날린 것이다.

부랴부랴 달려가 보니 가뜩이나 침울한 장례식 분위기는 다운될 수밖에 없다. 차라리 하얗게 눈만 쌓이면 미끄러울 걱정만 할 텐데 진창이라 더 어수선했다. 길은 질퍽대고 일은 더디고 말 그대로 엉망진창이었으나 그래서 더 잊지 못할 기억이었다. 더구나 그 시절에는 곡소리로서 영혼을 모셔야 하는데 그저 엉엉 울고 한다하여 곡을 못함에서 혼났던 것에서 많이 부끄러웠다.

맑고 쾌청한 날이어도 장례식 분위기는 가라앉을 수밖에 없다. 신발에는 진흙이 튀고 옷은 후줄근해졌어도 큰딸인 나를 무척이나 예뻐하시던 모습이 어제 일처럼 선하다. 어릴 때 기억에 의하면 적설량이 워낙 많아서 초상이 나면 장지로 가기도 어려웠던 일이 흔했다.

 그에 비해 질척이기는 했어도 아버지의 장례는 순조롭게 치렀던 것이다. 자식들 사랑이 지극하셨던 분이다. 마지막 가시는 길에서도 자식들 힘들 것을 걱정하셨나 보다. 그랬으니 눈이 흔한 고향에서 진눈깨비로 대신하면서 그나마도 장례식이 무사히 끝났다. 자상하신 마음을 보여주신 것 같아 추억하는 마음이 모처럼 따스해진다.

참나무골 이야기

 오늘은 버섯을 따는 날이다. 가랑비가 흩뿌리는 날 소복소복 올라 온 표고버섯을 따는 마음이 드물게 흐벅지다. 먹지 않고 보기만 하는데도 그랬다. 무뚝뚝한 참나무 토막에서 저리도 앙증맞은 버섯이 나오다니 그럴 수가. 자그마한 지붕처럼 우산처럼 보기만 해도 탐스럽다.
 몇 해 전 토막 낸 참나무 그루터기 몇 개를 뒷산 언저리에 세워 두었다. 그리고 종균을 넣었는데 처음에는 버섯이 나오지 않았다. 포기하고 이태가 지나도 소식이 없다. 그러다가 올 봄에 그리 탐스럽게 달렸던 거다.
 부랴부랴 따고 보니 한 광주리가 넘었다. 산해진미를 들여놓은 것처럼 마음이 넉넉하다. 끓는 물에 데치면서 그냥 먹는데도 솔솔 녹는다. 새참이 지났다. 뒤미처 저녁이 되었다. 감자와 함께 찌개를 끓여 놓으니 불고기 밀어놓고 먹는다. 고량진미가 따로 없다.

　표고버섯이야 시장에만 나가도 흔히 볼 수 있으나 종균을 넣어서 인공적으로 재배한 것이다. 나 또한 그런 식으로 종균을 넣었지만 참나무 토막을 던져둔 곳은 물소리 새소리 바람소리만 들려오는 숲 한가운데였다.

　밤이면 더구나 별이 빛나고 달빛이 비껴가는 곳 아니었던가. 하늘은 푸르고 풍경도 훨씬 아름다운 곳에서 자랐으니 맛이 각별할 수밖에 없다. 보물 중에 보물을 보는 것 같다. 버섯이야말로 신이 인간에게 준 최고의 식품이라는 게 실감이 간다.

　특별히 버섯은 자기 분수에 맞게 살았다. 토막 친 나무를 던져 둔 곳은 가파른 언덕이었다. 좀 더 가면 평평한 곳도 많고 풀이 우거진 곳도 흔했다. 훨씬 더 따스하고 안락한 곳이 많은데 그 자리만 어둡고 습습했다.

　얼마쯤 자랐나 싶어 이따금 둘러볼 때도 알 수 없는 냉기가 느껴지는 곳이다. 대낮에도 햇볕은커녕 어두컴컴하지만 그래서 더 잘 자랄 수 있는 여건이 되었다. 여타 식물로서는 자랄 수 없는 악조건인데도 그런 속에서 크는 버섯의 한살이가 놀랍다.

　우리도 그런 자리에서 힘들게 사는 경우가 있지만 달게 참을 수 있어야겠다. 우리를 키우는 것은 순조로운 과정이 아닌 악

조건에서 힘들고 허덕일 때였다. 아름다운 꽃을 피우는 것은 고난의 풀이다. 바람에 넘어지고 쓰러지면서 영광의 꽃을 달고 소망의 열매를 맺는다.

힘들어지면 습관적으로 불평하는 자신을 돌아본다. 그게 우리의 본성이라 하지만 스스로를 자제할 수 있어야 하지 않을까. 버섯이 따스한 곳에서 자랄 경우를 봐도 그랬다. 버섯은 누가 뭐래도 앙바틈하게 커야 맛있는 식품이다. 갑자기 볕이 들어서 훌쩍 커버리면 맛이 떨어진다. 싱거운 것은 물론 특유의 향이 없어진다.

인생도 그렇게 흘러가는 것이다. 물도 가다 보면 장애물이 있다. 여울에서는 돌아가야 하고 가물 때는 잠시 멈췄다가 흐르기도 한다. 추울 때는 얼어붙은 채 겨울 삼동을 나기도 했다. 까까비알 낭떠러지를 만나면 눈앞이 핑핑 돌만치 곤두박질치는 과정을 치르기도 한다. 천길 절벽은 바라보기만 해도 현기증이 날 것 같다. 그런 곳을 더구나 물구나무를 서는 것도 아닌데 거꾸로 떨어지는 게 어디 보통 일이랴.

하지만 그렇게 흘러 흘러야 바다에 이르는 것이다. 사는 게 어디 쉬운 길만 있던가. 자갈밭은 물론 가시덤불을 만나서 찔리고 긁히면서 상처투성이가 되지만 극복하고 나면 영광의 상처가 되는 것을 생각해야 하지 않을까. 어둡고 습한 곳에서 참고 견디면서 소복소복 예쁘게 돋아나는 표고버섯들처럼 그렇게. 우리들 살아가는 것도 풍파를 잘 이겨내고 또한 많은 것에서 열정으로 살다 보면 그 뒤에서 잘 살았다고 잘 살아왔다고 하는 평안이라는 안식이 되듯이.

하지만 표고버섯에도 알레르기가 있다. 알레르기 유발성분인 렌티난은 열에 약한 편이기 때문에, 완전히 익혀 먹으면 반응이 줄어들 수 있으나 165도 이상 고온에서도 완전히 파괴되지는 않는다. 그러므로 알레르기가 있다면 아예 섭취를 피하는 것이 가장 안전한 방법이다. 우리 삶에도 알레르기 같은 부작용은 있을 테니까.

나 자신 무던하다고 볼 수는 없지만 어지간한 것은 그냥 넘어가는 편이다. 하지만 아무리 해도 그냥 넘어갈 수 없는 부분이라도 서로 간의 인내가 이 버섯의 우직함에서 배워야 하지 않을까.

참새가 제비에게 하는 말

 따스한 봄, 올해도 제비가 찾아왔다.
 모처럼 장독을 청소하는 날이다. 갑자기 왁자지껄 소리에 보니 제비들 여남은 마리가 처마 끝에서 시끄럽게 우짖는다.
 이후로는 집짓기가 시작되었다. 이미 작년에 지어놓은 집이기는 했다. 그런 만큼 봄이 되어 다시 돌아올 때는 보수작업으로 충분했다. 하지만 그래도 공사는 공사다 보니 우리 집 처마 밑은 지푸라기와 진흙으로 빤할 새가 없다.
 드문드문 떨어진 지푸라기를 치워내면 어느새 또 진흙치레가 된다. 새로 짓지는 않아도 허구한 날 쓸고 닦아내야 했다.
 우리가 살 집도 아니고 제비 집 짓는 공사에 보조 노릇을 하자니 짜증스럽다가도 가끔은 나도 모르게 웃음이 났다. 하지만 옥신각신도 무색하게 다툼은 엉뚱한 데서 일어났다. 다름 아닌 우리 집 마당에 붙박아 사는 참새들과의 대립 때문이다.
　세력으로는 덩치 큰 제비가 우세하지만 참새는 엄밀히 말하면 텃새라고 볼 수 있다. 반면 제비는 봄에만 찾아오는 철새였으나 올해는 떼로 몰려왔다. 지금까지는 두 마리가 찾아왔었다. 와서는 지푸라기와 진흙을 물어 공사를 시작하는 것인데 올해는 무슨 까닭인지 여남은 마리나 되었다.
　대부분 짝짓기를 하는 제비만 보아왔던 나로서는 굉장한 대가족이었다. 철새라 해도 텃새인 참새를 누르고 세력을 떨치는 기세였다. 참새들 역시 기세에 눌리는 듯했다. 몇 해를 붙박이로 살아온 만큼 제비들에게 뒤질 것은 없으나 지금은 전세가 역전되는 성싶다. 많아야 세 마리씩 몰려올 때는 생각지도 못했던 상황이었다.
　들어온 돌이 박힌 돌 빼낸다. 여기서 박힌 돌은 말할 것도 없이 참새다. 텃새인 만큼 당연한 일이었으나 들어온 돌인 제비들의 세력 또한 만만치 않았으니 문제다. 단순히 텃새라는 것만 내세울 것도 없다. 제비로 말하자면 들어온 돌이지만 아침이면 제 세상이나 만난 듯 시끄럽게 우짖는 것만 봐도 대단한 위세다.
　참새로서는 들어온 돌이 박혀 있는 돌 저희를 빼낼 것처럼 불안했을 것이다. 그런 기미를 알아챈 듯 거리낌 없이 활보하는 제비를 보면서 느낌이 많다.

어느 날은 기선 제압이나 하듯 더 요란스러울 때가 있다. 뭐랄까, 우정 더 허세를 부린다. 속셈이 있는 듯하다. 제비들로서도 텃새인 참새가 만만치는 않았을 것이다. 숫자로야 물론 저희가 우세라는 것은 알겠지만 참새가 어디 우리 집 식구뿐이겠는가.

작기는 해도 참새들의 집성촌에 들어와 살자니 박힌 돌이라 해도 우격다짐으로 빼낼 수는 없을 거라고 판단했을 것이다. 이웃집도 있고 그 너머 들판에 서식해온 녀석들까지 말 그대로 떼를 지어 다닌다.

어느 때는 제 세상인 듯 야단스럽다가도 비위나 맞추듯 조용한 것도 그 때문이었을 것이다. 빨랫줄에 앉아서 지지배배 시끄럽지만 담장으로 참새들이 보이면 갑작스레 톤이 낮아진다. 얼마 후 새끼를 품어서 식구가 늘면 어떻게 나올지 모르나 일단은 조신한 척 구순하게 지낸다.

하지만 그것도 잠시 늦가을이면 모든 게 극명해진다. 내가 지금 별의별 상상을 다 하던 것과는 달리 국화가 피고 오동잎이 떨어질 때면 제비는 강남으로 떠난다. 붙잡아도 때가 되면 알아서 움직인다.

그렇게 겨울을 나고 이듬해 다시 봄까지는 즉 제비가 다시 찾아올 때까지 마을은 그야말로 참새들의 천국이 된다. 논이고 밭이고 수십 수백 마리가 까맣게 몰려다니는 것도 한겨울 풍경이다. 바람은 차가워도 볕 좋은 겨울 오후 양지쪽에서 창공을 쪼아댈 것처럼 짖어대는 것도 한때다.

그럴 때마다 참새들은 재잘대면서 비웃었을 것이다. "초겨울이면 갈 것이니 얌전히 있다 가렴! 겨울이면 꼼짝도 못하고, 살기 어렵잖아?" 봄에 그렇듯 제 세상인 양 누비고 다니다가 봄빛이 완연해지면 전세가 바뀌어 제비가 득세하는 것도 4계절 때문에 볼법한 풍경이다.

세력이든 드잡이든 모두가 한때였다. 참새가 겨울 한때라면 제비는 봄 한철이었기 때문이다. 일년내 춥거나 일년내 더운 지방에서는 새들이라 해도 그렇게 교체될 이유가 없다.

기쁨도 슬픔도 그렇게 자리바꿈을 한다. 기쁨이 지나치면 슬픔이 찾아오고 슬픔이 지극하면 기쁨이 찾아온다. 영원한 기쁨도 영원한 슬픔도 없다. 그 사실을 제비가 떠나고 찾아올 때마다 숙지하는 셈이다.

첫눈 내리던 날의 추억

 눈이 내렸다. 첫눈이다. 말 그대로 연습이나 하듯 풀풀 날리고는 금방 그쳤다. 그럴 수밖에. 이제 겨울 초입에 드는 11월 중순이었으니 그래도 눈은 눈이다. 아무도 밟지 않은 눈길을 내가 처음 밟으면서 가는 느낌이 시적이다.
 얼마쯤 갔을까. 양지쪽에 말라버린 고사리가 눈에 띄었다. 몇 걸음 떨어진 돌막에는 구절초가 얽혀 있다. 열흘 전만 해도 봄날씨처럼 따스하더니 뒤늦게 움이 올라온 것들이다. 그리고는 뒤늦게 꽃까지 피었건만 첫눈에 참혹하게 죽어버렸다.
 절기가 절기인 만큼 눈서리에 죽는 것은 당연했으나 볼 때마다 짠하다. 그나마도 눈꽃더미에 묻혀 있으니 마음을 놓았다. 꽃무덤으로 태어난 것이다. 겨울이면 모든 게 죽어버린다. 개울도 노래를 멈추고는 얼음 속에서 기나긴 동면에 들어간다.

그렇게 돌아올 새봄을 꿈꾸는 것이다.

나무들 역시 봄에 다시 깨어날 것이지만 일단은 동토에 뿌리 박은 채 봄을 기다린다. 죽지 않고 시들지 않은 채 겨울을 난 다고 하면 돌아오는 봄 새싹을 틔우고 꽃을 피우는 모습이 그렇게 경이로울 수는 없을 것이다.

내려오는 길에서 삽주 싹을 보았다. 지난 초여름에 내가 심어 놓은 산나물이다. 뒤뜰에 심어도 되지만 산나물이다 보니 조금이라도 산 가까이 심고 싶었다. 미처 뜯어오지 않으면 손을 탈 것도 걱정이지만 서로들 빤히 아는 터수라서 걱정할 일은 아니었다. 혹시 외지 사람이 지나가다가 호기심에 몇 이파리 꺾어가기는 해도 말 그대로 어쩌다 있는 일이라 신경 쓸 일은 아니었다.

삽주는 국화과에 속한 다년생 초본으로 뿌리줄기는 백출이라고 한다. 겨울이면 붉은 빛 화려한 꽃이 핀다. 조붓한 산길이 끝나고 마을 초입에 들어설 때마다 물끄러미 바라보곤 한다. 단지 나물반찬을 해 먹고 싶어서 캐다 심은 것이지만 흔히 볼 수 있는 잡초는 아닐 거라는 생각이 들었다.

아니나 다를까 식물도감을 찾아보니 관상용 식물보다는 한약재로 더 많이 알려져 있다. 동의보감에는 땀을 그치게 하고 심장과 위, 허리와 복부의 병을 다스리는 약재로 쓰인다고 하니 예상이 적중했다. 사군자탕, 팔물탕, 십전대보탕 등 다양한 처방에 들어가는데, 소화기를 튼튼하게 하고 체내의 과도한 수분을 밖으로 내보내는 효능이 있다 한다.

소화기가 약해 줄거나, 묽은 변을 보거나, 몸이 붓거나, 식은땀이 나는 증상에도 효과적이다. 무병장수의 선약으로 불로장생하며, 특히 위장계통에 작용한다. 남녀노소 누구에게나 좋은 최고의 상약이다.

삽주의 묵은 뿌리는 창출, 새로 난 뿌리는 백출이라고 한다. 그 외에 뿌리를 건조한 것을 창출이라 하고, 껍질 벗긴 것을 백출이라고도 한다. 의학 서적마다 창출과 백출의 구분이 약간 다르기는 해도 효능이 탁월한 약재라는 것에는 이견이 없다.

하지만 내게는 산나물로서의 기억이 더 많다. 이른 봄 새싹을 살짝 데쳐서 무치면 향긋한 맛이 난다. 삽주 싹은 더덕과 함께 며느리 주기 아깝다고 하는 식품 중의 하나다. 며느리들에게는 다소 서운한 말이지만, 오죽해서 '산의 일미는 삽주'라는 말이 있다.

삽주싹은 대표적인 산나물로 초봄에 싹이 5㎝안팎일 때 꺾는다. 깨끗이 씻어서 쌈으로 싸먹기도 하고 데쳐서 나물무침도 괜찮다. 혹은 삶아 말려서 겨울에 묵나물로 볶아먹는 등 조리법도 다양하다. 최근에는 삽주 샐러드로 많이 이용하는데 특별히 비빔밥의 채소로 인기가 많다.

그 외에 햇볕에 말려 가루를 만들어서 차로 이용하거나 뿌리를 말린 후 쪄서 여러 번 달인 후에 고(膏)로 만들어 먹는다. 삽주술을 담그기도 하는데 방법은 간단하다. 우선 11월에 채취한 삽주뿌리를 썰어서 말린다. 말린 삽주 뿌리 175g을 소주 1.8리터에 넣고 밀봉했다가 적당히 숙성시킨다.

아무튼 첫눈이 내리는 날 묵은 삽주 싹이 경이롭다. 겨울을 나고 새봄에 나물로 먹을 생각에 자못 설렌다. 이렇게 꽁꽁 얼어붙은 속에서 겨울 삼동 냉기를 품고 자란 식물이라면 뛰어난 약재가 될 소지가 다분하다. 특별히 약재가 아니라도 이른 봄 나물은 모두가 보약이라고 했다. 들판에 흔히 자생하는 나물이지만 한겨울 동토에 뿌리박은 채 눈서리를 감당하면서 자란 기상이 뿌리며 잎에 잔뜩 들었을 테니.

생각하니 겨울도 그런 거였다. 우리도 한갓 식물처럼 겨울을 나면서 일년의 지기를 축적하는 셈이다. 봄의 새싹과 여름의 녹음과 가을의 풍성한 결실은 모두 사라졌지만 내년을 기약하는 것이다.

눈 속에서 보는 삽주싹이 어기차다. 절반은 시들어버렸지만 지금 이 죽은 것 같은 땅에서의 침묵이야말로 더 찬란한 봄과 무성한 여름의 녹음과 아름답고 풍성한 가을의 모토가 되는 것을 숙지해 본다. 은둔과 칩거의 계절이지만 한 발짝 물러서는 개구리가 더 멀리 뛸 수 있는 것처럼.

출필고반필면(出必告反必面)

'나갈 때는 반드시 아뢰고, 돌아오면 반드시 얼굴을 뵌다'라는 뜻으로, 외출할 때와 귀가했을 때 부모에 대한 자식의 도리를 비유하는 고사성어이다. 『예기(禮記)』에서 유래되었다.

『예기』의 「곡례(曲禮)」 상편에서는 부모와 연장자를 대하는 도리에 대하여 다음과 같이 말하고 있다.

무릇 사람의 자식된 자는 밖에 나갈 때는 반드시 부모에게 행선지를 말씀 드리고, 집에 돌아와서는 반드시 부모의 얼굴을 뵙고 돌아왔음을 알려 드려야 한다. 노는 곳은 반드시 일정하여야 하고, 익히는 것은 반드시 과업이 있어야 하며, 항상 자신이 늙었다고 말하지 않도록 주의하여야 한다. 나이가 두 배 많은 사람을 대할 때는 부모처럼 섬기고, 10년 연장자를 대할 때는 형처럼 섬기고, 5년 연장자를 대할 때는 어깨를 나란히 하되 뒤를 따른다. 다섯 사람 이상이 한 자리에 있는 경우에 연장자의 좌석은 반드시 달리 하여야 한다.

(夫爲人子者, 出必告, 反必面. 所遊必有常, 所習必有業, 恒言不稱老. 年長以倍則父事之, 十年以長則兄事之, 五年以長則肩隨之. 群居五人, 則長者必異席)

이 말은 옛날 어린이들의 학습서인 『소학(小學)』에도 실려, 부모에 대한 효도를 실천하는 방법으로 교육되었다. 『논어(論語)』의 「이인(里仁)」편에 '부모가 생존해 계시면 먼 곳에 나가지 않고, 나가게 되면 반드시 있겠다고 한 곳에 있어야 한다(父母在, 不遠遊, 遊必有方)'라는 구절이 있는데, 출필고반필면과 같은 맥락이라고 할 수 있다.

많은 사람을 대하고 많은 것을 익히고 배우고 싶어 하는 나는 오늘도 참, 사람이 많은 것에 재능을 갖고 있구나 싶었다. 시간을 내어 절친하게 지내온 부부와 저녁을 먹게 되었다.

잠깐 남편이 나간 사이 그의 부인과 대화 도중에 남편 이야기가 나왔는데 저 이는 밖에 나갔다가 어두워질 무렵에 들어오면 늘, 부모님께 인사드리고 형과 형수 방에 들러 나 어디 갔다 왔노라 고하고 무슨 일이 있었노라고 나갔던 일과를 공손히 보고 드린다는 말을 들었다.

말 그대로 '출필고반필면(出必告反必面)'이다. 어릴 때는 누차 들어왔던 말이지 싶어 감회가 새롭다. 나 또한 어릴 때부터 조신하지는 못했어도 늘 밖에 나갔다 오면 인사는 잊지 않았다. 적어도 그 말의 뜻은 새기며 살아왔지 않은가에 어머 그랬냐고 그 말에 다시금 보이는 부부에게 더한 겸손을 배우는 마음이었다.

하기야 우리 아이들 어릴 때도 '출필고반필면(出必告反必面)'이었다. '학교 다녀오겠습니다'와 '학교 다녀왔습니다'가 그것이다. 직접 방에까지 가서 고하던 옛날과는 다르다. 그도 그럴 것이, 학교를 가는 것 외에는 딱히 볼 일이 없기 때문에 현관에서의 인사로도 충분했을 것이다.

하지만 나이가 들어서는 달라지는 폭이다. 직장에서 일하고 왔든 소소한 외출이었든 세세히 고하려면 방문 앞까지 가야 되는 상황으로 바뀐다. 그 바람에 연로하신 부모님 방에 들어가서 건강이 어떠신지 안색을 살피고 아랫목이 따스한지 이불을 들춰보기도 하면서 하루 종일의 안부를 여쭙는 것은 아닌지.

어쨌든 참으로 생소한 말이었는데 들을수록 향수적이다. 외출할 때마다 근황을 아뢰는 것도 중요하지만 무엇보다 자식의 안부를 궁금해 하는 노부모님의 마음을 안정시키는 차원이라 할 것이다. 본인 또한 부모님 나이가 되고 나면 그제서야 자식의 안부를 간절히 알고 싶어 하는 당신들 마음을 파악할 수 있기 때문에.

나이를 따질 계제는 아니더라도 나보다 아래인 분들이기에 그 말 한마디에 그들의 살아온 세월이 다양한 빛깔로 투영된다. 출필고(出必告)반필면(反必面)이라고 하면 솔직히 책으로만 보고 익혔다. 이를테면 오래전부터 내려오는 예의범절의 일부라고만 생각했으나 자신의 거처를 분명히 알리는 수단도 되지 않을까 싶다.

 그것이 즉 부모님과 함께 살 때의 행동거지를 나타낸다면 요즈음에는 카톡이나 메시지로 안부를 전하고 자신의 거취를 알리게 된다. 출필고(出必告)반필면(反必面) 시대의 사람을 요즈음 시점에 대입해 본 것이다. 가령 주기적으로 안부를 묻고 근황을 살피던 사람이 한동안 연락이 끊길 경우 뭔가 사달이 난 것으로도 볼 수 있지 않을까.

 부모가 되었든 배우자가 되었든 갑작스러운 사고를 예상하면서 조치를 취하게 되면 참으로 다행스러운 일이다. 상대방의 안부를 묻기도 하지만 자신의 안부도 전하면서 만약의 경우에 대비하는 셈이다. 출필고(出必告)반필면(反必面)은 자식이 부모의 안녕을 기원하는 행동이지만 부모로서는 자식의 안부를 파악할 수 있는 계기도 되는 것이다.

 우연히 지인에게서 까마득히 잊고 있었던 옛 사람들의 공손한 태도를 배울 수 있었다. 우리 살 동안의 위계질서는 가정에서부터 나온다. 도덕적으로는 윗물이 맑아야 하는 것도 관건에도 부합이 된다.

 출필고(出必告)반필면(反必面)을 아뢰는 자식 또한 부모님이 조부님께 해왔던 범절을 익힌 것이다. 애써 가르치지 않아도 어릴 적부터 산교육으로 습득이 되었다. 내리사랑도 있지만 내리교육도 있었다.

한여름의 위상

　바야흐로 녹음의 계절이다. 내리쬐는 폭양과 장마로 주변은 온통 초록에 뒤덮였다. 무더위에 시달리다가도 짙푸른 녹음을 보고 있으면 얼핏 시원한 느낌이다. 무덥기만 한 계절 특별히 녹음으로 지친 마음을 달래 주는 자연의 손길이 그려지는 것 같다.
　아침나절 거실을 치우다가 지난해 달력을 보았다. 울멍줄멍 뻗어나간 산봉우리가 새하얀 눈으로 뒤덮인 풍경사진이다. 골짜기마다 소복소복 쌓인 눈이 복더위에 무척이나 생경스럽고 더위가 한편 가시는 느낌이다. 잎이 다 떨어진 겨울에도 꽃과 단풍에 버금갈 풍경이 더욱 신비스럽다고나 할지.
　우리나라 최고의 산인 금강산의 이름이 철철이 다르다는 게 떠올랐다. 지금은 녹음이 한창이지만 꽃 피는 봄에는 이름 그대로 금강산, 여름에는 봉래산, 가을에는 풍악산이라 하는 건 다 아는 사실이다. 특별히 겨울에는 개골산이라고 부르는 배경이 색다르다. 우거진 녹음과 단풍과 꽃도 아닌 잎은 떨어져도 얼마 후 눈 쌓일 테니 그 또한 아름다울 거라는 시적 감상이 돋보인다.

봄에는 꽃이 얼마나 고왔던가. 금강산까지는 아니어도 벚꽃 필 무렵 분홍빛 너울을 쓰고 있던 골짜기의 풍경은 천금 같은 봄 날씨와 어우러져 참으로 인상적이었다. 입추의 여지없이 들어찬 녹음 또한 요즈음 보는 풍경 그대로다. 가을이면 낙엽으로 가랑잎으로 떨어질 것이나 봄의 꽃과 여름의 녹음과 가을의 단풍을 보면 산은 계절에 상관없이 아름답다는 게 실감이 가곤 한다.

우리 삶을 계절에 비유해 본다. 한창 자랄 때는 만물이 생동하는 봄처럼 희망에 차 있고 여름에 해당될 젊은 시절은 녹음처럼 승승장구 뻗어나가는 시점이다. 단풍이라 할 노년에 접어들 때 역시 수수롭기는 해도 지나온 날을 돌아보며 뿌듯한 마음으로 지낼 수 있다. 제각기 속사정이야 있겠지만 겉으로는 활기에 차 있다는 뜻이다.

단풍은 단풍대로 곱고 가랑잎은 또 그대로 운치가 있듯이 우리 삶 역시 어떤 과정에서든 의미를 찾을 수 있다. 나름대로 그 섭리를 깨닫는 과정 또한 경건했으나 문제는 겨울이다. 가랑잎이 구르고 첫눈이 날릴 때는 쓸쓸한 중에도 감상에 잠기곤 했지만 꽝꽝 얼어붙는 겨울은 그게 아니다.

떨어질 잎 하나 없이 앙상한 풍경은 누구에게나 쓸쓸한 느낌이되 축복처럼 눈 쌓이는 풍경은 생각지 못했으리라. 겨울까지 푸르다고 자처하는 소나무와 잣나무 등은 눈 때문에 더러 부러지기도 했으니 수많은 눈송이를 이파리마냥 달고 있는 운치는 상상도 못한 일이다.

겨울에도 푸른 그 나무는 눈 속에서 때로 돋보이기도 하지만 초겨울 떨어지는 잎도 크게 절망적이지는 않다. 바람에 날릴 때는 물론 안타까웠으나 겨울이 되고 눈이 내릴 때마다 재현되는 백설의 풍경이야말로 잎을 남겨 두고서는 가능하지 않은 희대의 걸작이었다.

그렇게 살고 싶다. 꽃을 비롯한 녹음과 단풍도 아름다울 것이나 잎이란 잎 다 떨어지는 한겨울에도 눈 쌓일 정경을 의식하며 개골산이라는 특유의 이름을 붙일 수 있는 자세를 배우고 싶다. 살다 보면 떨어지는 잎처럼 무엇 하나 남지 않을 때가 있을 테고 그럴수록 아취는 필요하되 마지막이라 할 순간도 차분해진다면 사철 아름다운 자연처럼 경건한 삶으로 승화될 테니까.

계절조차도 사철 아름다운 풍경을 드러내고 유달리 싫었던 여름이 좋아진 것처럼 까다로운 습관 역시도 무던해진 게 딴에는 대견하다. 어릴 때 등성이 골골마다 어우러진 녹음은 보는 것조차 숨이 막힐 것 같았는데 지금은 오히려 시원스럽다. 외출할 때는 으레 양산을 쓰고 나갔으나 이제는 땡볕일수록 좋다. 체질이 바뀌었다기보다는 철철이 아름다운 자연에서 삶 역시 나름대로 의미를 부여하면서 뜻깊은 날이 된다는 것을 말하고 싶다.

다시금 풍경사진을 본다. 봄, 여름, 가을의 사진도 여러 장이고 산뜻한 게 많았으나 눈가루가 떨어질 듯 생생한 풍경이 무더운 날씨에 한결 돋보인다. 게다가 쓸쓸한 초겨울 바로 그 풍경을 완상하며 조락의 아쉬움을 달래지 않았던가 말이다. 더욱 불볕더위 속에서 뜬금없는 겨울 풍경을 보고 잠깐 시원한 느낌을 받는 것처럼 무심코 떠오르는 반전이야말로 삶의 활력소가 될 줄 안다.

홑잎나물

 오늘 아침 메뉴는 홑잎나물이었다. 봄이 되면서 그동안은 방풍나물과 머위 그리고 쌉싸롬한 민들레를 무쳐먹었다. 봄의 지기가 담뿍 든 나물을 먹다 보면 겨우내 식상했던 입맛도 살아나곤 했다.
 특별히 홑잎나물에 관심을 가진 계기가 있다. 어느 해 가을 인근 학교를 지날 때였다. 울타리에 생소한 단풍나무가 있었다. 키가 무척 작았다. 단풍나무라면 훌쩍 커야 하는데 3m남짓이나 될까 말까 그 정도로 나지막했다.
 아니 멀리서 착각이었을 뿐 가까이 가보니 붉게 물든 화살나무가 그렇게 보였던 것이다. 가을이면 나무란 나무가 물을 내리면서 노랗게 혹은 붉게 물드는 거지만 그 나무의 잎이 봄이면 등장하는 홑잎나물인 줄은 뜻밖이었다.

봄이 되면 홑잎나물 한번쯤 먹어보지 않은 사람은 없을 것이다. 자잘한 잎이 볼수록 앙증맞은데 씻을 때마다 애를 먹는다. 손에 쥐기도 힘들 정도로 작아서 체에 받치지 않으면 아까운 이파리가 죄다 떠내려간다. 하나라도 씻겨 나갈까봐 조심조심 헹군 다음 꼭 짜서 파, 마늘과 깨소금 간장에 무쳐내는 것이다.

먹을 때마다 새봄의 지기가 물씬 풍긴다. 봄 마중물을 먹는 것 같다. 홑잎 자체가 봄 마중물이었다. 아니 모든 새싹은 봄 마중물이라기에 손색이 없다. 이른 봄 처음 나오는 새싹은 대부분 작다. 간신히 눈을 뜬 새싹을 보면 얼마나 작았던가. 그러나 하루하루 움이 트고 자라다 보면 차일을 펼친 듯 연둣빛 그늘이 정겹기만 하다.

홑잎나물은 혈당 저하, 인슐린 분비 증가, 해산 후 복통 등의 약용은 물론 어혈을 풀어주는 데 효과가 있다. 이를테면 산에서 자라는 보약이다. 하지만 소량의 약성 때문에 구토, 설사, 복통을 일으킬 수 있기 때문에, 다량으로 복용할 때는 주의가 필요하겠지.

요즈음은 화살나무를 조경용으로 많이 심는다. 가을에 붉게 물드는 단풍이 예쁘기도 하고 추위를 잘 견디기 때문이다. 내가 본 학교 울타리의 화살나무도 기실은 조경용으로 심은 거였다. 우선은 키가 작아서 관리가 쉽고 특별히 열매는 새들이 먹이로 적합해서 새를 불러들이는 나무로 안성맞춤이다.

보통 잔가지에 날개가 없는 나무도 화살나무로 잘못 알고 있다. 똑같은 화살나무과지만 잔가지에는 없고 원기둥에만 있는 것은 회잎나무라고 부른다. 특별히 나무 이름 자체가 익살스럽다. 줄기부분이 화살촉의 반대부분 날개처럼 생겼다 해서 화살나무가 되었다. 얌전한 홑잎을 보면 대조적인 이름이다. 하기야 우락부락하게 생긴 가지를 봐도 예사로운 나무는 아니다. 화살나무에는 맹독이 있다는데 그래서일까.

어혈을 풀어주는 화살나무의 효능을 입증하는 사례로 볼 수 있다. 화살나무의 뿌리와 가지 잎사귀를 달여서 오랫동안 뭉쳐 있는 어혈을 풀어내는 것이다. 식용은 물론 약재로도 뛰어난 효능을 자랑한다. 혈액 순환을 좋게 하고 염증을 없애 주기 때문에 피부병 치료약으로 썼다고 한다.

깎은 듯 밋밋한 여타나무의 가지와는 달리 화살나무의 겉껍질은 울퉁불퉁하지만 민간에서는 오래전부터 볕에 말려서 달여 먹었다. 맛은 쓰고 차가운 성질을 가졌으며 구충제, 진통제, 지혈제로 쓴다. 그 외에 정신을 맑게 하고 마음을 안정시킨다고도 하니 여러 가지로 유익한 나무가 아닐 수 없다.

옛날 한 사냥꾼이 사슴을 쫓다가 갑자기 나타난 호랑이에게 위협을 받았다. 당황한 사냥꾼이 얼결에 활을 쏘았다. 살은 호랑이를 뚫고 땅에 꽂혔다. 바로 그 화살이 박힌 곳에서 나무 한 그루가 자랐는데 그것이 화살나무였다는 것.

민간에서 화살나무가 악귀를 쫓는 위력이 있다고 전해지는 이유라 할 게다. 중국에서 내려오는 전설에 의하면 악귀가 사람을 해칠 때마다 화살나무의 가지가 화살처럼 날아와 물리쳤다고 한다. 이래저래 화살나무로 회자될 수밖에 없는 전설이다.

느낌이 묘하다. 기껏 나물 한 접시 먹은 것 치고는 많은 것을 알게 되었다. 단풍이 들 때는 빛깔이 좋아서 조경수로 안성맞춤이다. 그 외에 약재로도 유익해서 무엇 하나 버릴 게 없는 나무였으나, 나로서는 맛깔스러운 나물을 먹을 수 있다는 게 최고의 매력이다. 볕 따스운 봄날 마중이나 하듯 파랗게 올라오던 홑잎이야말로 봄나물의 백미였으니까.

십일월의 길목

겨울의 초입이다.

햇살이 따스하다. 창가에 비치는 겨울하늘이 씻은 듯 말갛다. 그리고는 음악처럼 들려오는 새들의 합창이 정겹다. 봄비가 내리면 그럴 때마다 새소리가 영그는 것은 익히 알고 있다, 가을비 서슬에 가랑잎 굴러다니는 기척은 일찌감치 들어왔지만 새들이 몰려와서 합창이라니 무슨 일일까.

까닭을 알았다. 어떻게 소식을 들었는지 여남은 마리 새들이 담장 옆으로 까맣게 달려 있는 둥굴레와 산초 열매를 쪼아 먹는 중이었다. 올해는 따 말렸다가 기름을 짜려고 별렀던 게 무색할 지경이다. 약이 오르기는 해도 그로써 초겨울 양식이 되겠다는 생각을 하면 마음부터 따스해진다. 더구나 오늘은 썰렁한 초겨울 아침이었지 않은가.

갑자기 겨울 뒷산을 오르고 싶어지는 것도 그 때문일 게다. 오솔길을 돌아가니 산도 이제 막 겨울채비를 끝냈다. 참나무니 화살나무니 온갖 나무도 울긋불긋했던 잎을 떨어뜨린 지 오래 되었다. 올 가을에는 늦더위가 계속되면서 지체되었던 거다. 안 그랬으면 진즉에 가랑잎으로 날렸을 것이다. 낙엽이나마 늦도록 완상할 수 있었던 게 한편으로는 고맙다.

갈림길이 나왔다. 뒷산으로 이어진 오솔길에 구절초가 함빡 어우러졌다. 가을을 대표하는 야생화라면 뭐니뭐니 해도 구절초이다. 특별히 예쁘다고 할 것은 없으나 은은한 향기와 섬세한 꽃잎이 돋보인다. 볼수록 참하고 아름다운 게 순박한 시골 처녀를 보는 것 같다. 이제는 조금씩 시드는 중이었으나 그래서 더욱 안존한 꽃들이 늦가을 어름에서 참으로 곱다.

구절초는 국화과의 식물이다. 아홉 개의 마디가 있다고 해서 그런 이름이 붙었다. 가을에 그것도 특별히 음력 9월 9일에 생긴다니 별나다. 꽃말은 진실한 사랑과 순수 고결한 마음이라고 한다. 꽃도 예쁘거니와 특별히 한약재로 많이 알려졌다. 따스한 성분 때문인지 감기와 독감 등 기관지 질환을 예방해 준다. 혈관에 쌓여 있는 콜레스테롤을 비롯한 각종 노폐물을 제거하면서 성인병 예방에도 탁월한 효능이 있다.

얼마나 걸었을까. 저만치 빈 터가 나온다. 얼핏, 한 무더기

구절초가 피어 있구나 싶었는데 자세히 보니 쑥부쟁이다. 구절초와는 달리 연보라색 꽃잎이 좀 더 작고 여러 송아리가 모여서 피는 게 약간 다르다.

구절초는 꽃잎이 좀 더 굵직하고 쑥부쟁이는 가늘고 섬세하다. 처음에는 몰랐던 사실이다. 구절초가 탐스러운 느낌이라면 쑥부쟁이는 까칠하면서도 안존한 분위기였다. 꽃잎도 구절초는 위로 향해서 피는 대신 쑥부쟁이는 밑으로 늘어지면서 피었다. 비슷해 보이면서도 조금은 상반된 이미지가 가을을 수놓는다.

멀리 보이는 우리 마을도 추색에 물들었다. 마을 꼭대기 외딴집 감나무도 붉게 붉게 달렸다. 잎은 하나도 없이 땡감만 덩그러니 남았다. 등잔불 같은 수많은 열매가 대낮인데도 세상을 환히 밝히고 있다. 썰렁한 분위기가 조금은 아늑해진다.

이런 분위기를 좋아한다. 황금물결이 출렁이는 전형적인 가을은 물론 풍요로워서 좋다. 하지만 지금은 모든 것을 거둬들인 끝이다. 어디 곡식뿐이랴. 찬란했던 단풍도 물은 다 빠지고 빛이 바래고 까칠하게 된 가랑잎 뿐이다. 그나마도 떨어져서 버스럭버스럭 굴러다니는 게 소리만 들어도 을씨년스럽다.

하지만 그게 늦가을의 서정 아니었을까. 얼마 후 서설이 날리면 그때부터 본격적인 겨울이다. 가을과 겨울의 터널에서 풍요로웠던 계절과 춥지만 봄으로 가는 간이역에서 겨울 채비에 들어가는 것이다.

  한낮이 겨웠다. 늦가을을 끼고 돌다 보니 마음이 수수롭다. 초록이 겨워서 단풍이 된다. 그리고는 단풍도 지쳐서 가랑잎으로 떨어진 지 오래된 늦가을이다. 썰렁한 가운데서도 흐벅진 마음 때문에 올 겨울도 춥지는 않을 것 같다. 추운 겨울이 따스해지는 것도 이따금 불어오는 찬바람 때문이었으니까.